나는 오늘도 나를 믿는다

나는 오늘도
나를 믿는다

─────── 정샘물 지음 ───────

정샘물의 셀프 인생 메이크업

비즈니스북스

나는 오늘도 나를 믿는다

1판 1쇄 발행 2020년 6월 24일
1판 7쇄 발행 2024년 5월 17일

지은이 | 정샘물
발행인 | 홍영태
편집인 | 김미란
발행처 | (주)비즈니스북스
등 록 | 제2000-000225호(2000년 2월 28일)
주 소 | 03991 서울시 마포구 월드컵북로6길 3 이노베이스빌딩 7층
전 화 | (02)338-9449
팩 스 | (02)338-6543
대표메일 | bb@businessbooks.co.kr
홈페이지 | http://www.businessbooks.co.kr
블로그 | http://blog.naver.com/biz_books
페이스북 | thebizbooks
ISBN 979-11-6254-151-7   03190

인생의 변화는
나를 믿는 순간 시작된다

십 대 소녀인 나?
그 애가 갑자기, 여기, 지금, 내 앞에 나타난다면,
친한 벗을 대하듯 반갑게 맞이할 수 있을까?
나한테는 분명 낯설고, 먼 존재일 텐데.

비스와바 쉼보르스카의 시 '십 대 소녀'의 첫 부분을 우연히 읽었을 때, 가슴이 철렁 내려앉는 기분이었다. 지금 내 앞에 십 대 시절의 나 자신이 갑자기 나타난다면 과연 어떤 느낌일까.

깡마른 그 십 대 소녀는 화가가 되고 싶었다. 어머니의 서가에서 렘브란트며 레오나르도 다빈치의 화집을 꺼내 보며 언젠가는 이런 그림을 그리리라 꿈을 키웠다. 하지만 가세가 기울고 고등학교 등록금조차 내지 못하는 처지가 되자 소녀는 미대 입시를 포기하고 아르바이트를 시작한다. 등록금을 못 냈다는 이유로 더는 벌을 받고 싶지 않아서, 동생들 운동화 한 켤레 마음 편히 사주고 싶어서 수업이 끝나자마자 연세대학교 공과대학으로 달려가 교수님들 심부름을 하고 차를 타고 탁자를 정리한다.

밤이 되면 소녀는 단란한 가족과 근사한 여성의 사진 등을 신문에서 오려 차곡차곡 스크랩한다. 그 이미지들이 마치 미래에서 온 카탈로그라도 되는 것처럼, 10년, 20년 후 자기 모습도 그러리라 굳게 믿으면서.

지금 그 소녀가, 늘 외로웠지만 꿋꿋하고 강단 있던 그 소녀가 내 앞에 나타난다면 나는 묻고 싶다. 누가 시킨 것도, 누구한테 배운 것도 아닌데 넌 어쩌면 그럴 수 있었냐고. 가진 것도, 도와줄 이도 없었는데 넌 어쩌면 그렇게 네 미래가 나아질 거라고, 근사해질 거라고 믿을 수 있었냐고.

30년 후, 그 소녀의 믿음은 현실이 되었다. 아르바이트생으로 3년간 드나들던 연세대학교 공과대학에 이제 매년 특강을 하러 나간다. 든든하고 자상한 한 남자의 아내가 되었고, 건강하고 활기찬 두 딸아이의 엄마가 되었다. 꿈에 그리던 순수미술을 공부하러 유학도 다녀왔고, 내 이름을 딴 메이크업 브랜드와 아카데미도 만들었다. 이 모든 일의 시작을 나는 그 열일곱 소녀에게서 본다. 그 소녀의 열망과 믿음이 오늘의 나를 만들었음을 안다. 그래서 지금 내 눈앞에 그 소녀가 나타난다면 안아주고 싶다. 마르고 웅크린 어깨를 안고 다독이면서 말해주고 싶다. 수고 많았다고, 정말로 고맙다고.

내가 가장 중요하게 여기는 단어는 '투명 메이크업'과 '퍼스널 컬러'다. 사실 이 두 단어는 쌍둥이나 마찬가지다. 그 밑바탕에 남과 비교하지 말고 가장 나다운 아름다움을 찾자는 철학이 깔려있기 때문이다. 남과 비교하면 내 외모는 늘 못마땅하게 마련이다. 하지만 나를 세심하게 관찰해 내 고유의 색상인 퍼스널 컬러를 찾으면 어떤 유행, 어떤 잣대에도 흔들리지 않는 나만의 미의 기준을 세울 수 있다. 그리고 자신을 부정하지도 감추지도 않고, 다른 사람을 무작정 따라 하지도 않는, 가장 나다운 나가 되기 위한 메이크업을 하게 된다.

나라고 흔들린 때가 없었을까. 자신을 부정하고 싶어 짙은 메이크업과 과감한 옷차림에 집착하던 때가 내게도 있었다. 하지만 이내 열일곱 시절의 내가 나타나 자신을 다독였다. 내가 진짜 바라는 모습은 그런 것이 아니라고, 나를 감추고 숨기면서 남처럼 되려 해서는 나의 진짜 가치를 발견할 수 없다고.

내가 어떤 사람인지, 무엇을 바라는지 직시하자 비로소 내 가치가 보였다. 그뿐만 아니라 타인의 가치도 보였다. 다른 누구와도 비교할 수 없는 바로 그 사람만의 가치, 그것에 눈을 뜨자 메이크업 방식이 달라졌다. 모든 사람의 얼굴에 획일적으로 유행하는 메이크업 방식을 적용하는 것이 아니라 그 사람의 타고난 선과 결에 따라 고유의 매력을 가장 돋보이게 하는 메이크업을 시도하게 된 것이다. 그래서 정샘물 뷰티의 슬로건도 'Beauty starts from you. Just believe'라고 정하게 되었다.

아름다움은 나를 알고 나를 믿어주는 데서 시작한다. 아니, 인생에서 일어나는 모든 변화가 나를 알고 나를 믿어주는 데서 시작된다. 이 책은 이런 단순한 진리를 전하고 싶었다. 나를 알고 나를 믿어야 한다는, 누구나 다 할 줄 알고 다 아는 것만 같은 이 말이 실은 얼마나 힘이 세고 위대한지 말하기 위해 썼다. 보잘것없던 열일곱 살 아르바이트생이 '스타 메이크업 아티스트'를 거쳐 'K뷰티의 선두주자'가 된, 그 기적 같은 이야기가 다름 아닌 나에 대한 믿음에서 시작되었다는 걸 알려주고 싶어서 썼다. 그리고 열일곱 살의 나와 같은 표정을 짓고 있는 누군가에게 지금 잘하고 있어요, 다 잘될 거예요, 그렇게 믿으세요, 라고 속삭여주고 싶어서 썼다.

세상 모든 사람이 나를 믿어줄 필요는 없다. 내가 해낼 것을, 마침내 이룰 것을 나 자신이 믿어주면, 내가 나를 믿어주면, 그것으로 충분하다. 이런 생각이 너무 순진하다고 말하는 사람에게 내가 종종 인용하는 이 문장을 전하고 싶다. 독일의 심리학자이자 비즈니스 관계 전문가인 옌스 바이드너(Jens Weidner)가 저서《지적인 낙관주의자》에서 한 말이다.

미래는 어차피 좋을 것이라고 믿는 사람만이 또 그 결과를 처리할 의욕을 낼 수 있다. 장밋빛 안경을 쓴 사람이 마침내 흑자를 만들어내는 것이다.

이 책을 통해 장밋빛 안경을 쓴 동지들이 많아지길 소망한다.

정샘물 인스피레이션 스태프와 정샘물 뷰티 직원 들에게 이 자리를 빌려 고마운 마음을 전한다. 정샘물 아카데미를 거친 수많은 수강생에게도 행운을 빌어주고 싶다. 이 책을 위해 수고를 아끼지 않은 비즈니스북스 관련자 여러분에게도 감사를 전한다. 마지막으로, 사랑하는 내 가족, 유민석 씨와 아인이와 라엘이에게 이 책을 바친다.

2020년 여름
정샘물

CONTENTS

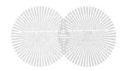

출발선 다지기

CHAPTER 2

: 모든 미래는 '지금의 나'에서 시작된다

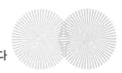

CHAPTER 3 자존감 높이기

: 인생 로드맵에서 지름길을 찾는 방법

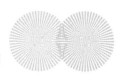

CHAPTER 4 진정한 행복에 다가서기

: 따로 또 같이 사랑하는 법

CHAPTER 1

기적의 발견

: 꿈이 현실이 되는 인생 로드맵

기적은 어떤 얼굴로 나를 찾아오는가

언젠가 눈을 감는 순간이 오면 인생의 어떤 순간을 떠올리게 될까? 이제껏 내게는 기쁘고 슬프고 벅차고 감동적인 수많은 순간이 있었고 앞으로도 그럴 것이다. 하지만 2016년 가을, 연세대학교 강단에 섰던 그 순간만은 결코 잊을 수 없을 것 같다.

나를 바라보는 어리고 호기심 가득한 눈동자들, 그 앞에서 나는 한없이 긴장했다. 애써 태연하려 해도 그럴 수가 없었다. 홍분으로 목소리가 가늘게 떨렸다.

"여러분, 저는 여기 공과대학에 30년 만에 다시 왔어요. 열일곱 살 때부터 3년 동안 연세대학교를 매일 다녔거든요."

학생들이 어리둥절한 표정으로 나를 바라보았다.

"당시 저는 아르바이트생이었습니다. 공과대학에서 사환으로 일했어요. 넓은 캠퍼스 곳곳을 뛰어다니며 나도 여기에서 학생을 가르치는 교수가 되었으면 좋겠다고 생각했는데… 오늘, 30년 만에 그 꿈을 이루었네요."

가슴이 벅차올라 말을 잇기 어려웠다. 때맞춰 학생들이 응원이라도 하듯 우레 같은 박수를 보내주었다.

열일곱 살 정샘물,
연세대학교 '알바생'이 되다

1986년, 열일곱 살의 나는 연세대학교에서 일하는 고등학생 사환이었다. 같은 반 친구가 아르바이트를 한다기에 따라나섰다가 운 좋게 얻은 일자리였다. 친구들이 한창 놀러 다닐 때 나는 수업을 마치자마자 연세대학교로 달려가 우편물과 서류봉투를 들고 복도를 뛰어다녔다. 우편물 나르는 사환이었지만 교수님들의 책상 정리나 잔심부름도 했다. 교수님이 문서를 타이핑해주시면 그걸 들고 상경대, 인문대, 학생처, 교수실까지 종횡무진 뛰어다녔다. 손님이 오면 차도 내고, 탁자도 닦고, 그야말로 전천후 심부름꾼이었다.

월요일부터 토요일까지 주 6일을 일해 홀수 달은 4만 7,000원, 짝수 달은 7만 2,000원을 받았다. 이렇게 번 돈으로 수업료를 냈다. 남은 돈으로는 쌀도 사고, 동생들 운동화도 사주었다. 아버지가 빚쟁이에 쫓기며 가뭄에 콩 나듯 보내주는 돈으로는 나와 쌍둥이 언니, 동생 셋이 연필 한 자루도 마음 놓고 살 수가 없었다.

아버지 사업이 불같이 일 때는 집에 가사도우미와 운전사가 상주할 정도로 형편이 좋았다. 하지만 중학생이 되었을 무렵, 집 안 곳곳에 압류 딱지가 붙더니 급기야 집에서 내쫓길 지경이 되었다. 말 그대로 하루아침에 쫄딱 망한 것이다.

그러던 어느 날 담임 선생님이 내 이름을 부르시더니 수업도 듣지 말고 지금 당장 서무과로 내려가 벌을 서라고 하셨다. 수업료를 내지 않았다는 게 이유였다. 당시 한 반의 인원이 68명쯤 됐을까. 그 많은 학생 중에 수업료를 못 낸 아이가 하필 나 하나였다. 반 아이들의 시선이 일제히 내게 꽂혔다.

나는 천천히 자리에서 일어나 서무과로 향했다. 한 걸음 한 걸음 걸을 때마다 눈물이 뚝뚝 떨어졌다. 너무나 서럽고 비참하고 치사했다. 수업료를 못 낸 것이 내 탓은 아닌데, 어른이 더구나 선생님이 어떻게 그런 이유로 친구들 앞에서 망신을 주고 상처를 입힐 수 있을까. 그때 다짐했다. 수업료 때문에 다시는 망신을 당하지 않겠다고. 커서 저런 어른은 절대로 되지 않겠다고.

서양화를 전공하신 어머니 영향으로 나는 일찍부터 화가가 되고 싶었다. 학교 미술부에서 활동하며 꾸준히 그림을 그렸다. 그런데 수업료도 못 낼 정도로 가세가 기울자 미대 진학은 멀고 먼 꿈이 되어버렸다.

교수님 심부름으로 무거운 책을 들고 학교 여기저기를 누비면서도 시선은 늘 나보다 두세 살 많은 대학생들을 향해 있었다. '세상은 왜 이리 불공평할까, 저들은 학생인데 나는 왜 아르바이트생으로 이곳에 있을까, 여기 학생들은 대체 어떤 공부를 할까, 언젠가 나도 저들처럼 전공 서적을 품에 안고 교정을 누빌 수 있을까….' 당시 내 마음속엔 원망과 바람이 가득했다. 하지만 다행인지 불행인지 어린 사환이었던 나는 너무 바쁘고 고단해서 마냥 처지를 비관하고만 있을 여유가 없었다.

그 무렵 대학가는 민주화 투쟁이 한창이었다. 연세대학 학생이었던 이한열 열사가 경찰이 쏜 최루탄에 맞아 사망한 1987년 7월 5일, 나도 그 현장에 있었다. 사실 대학생들 집회는 내 관심 밖이었다. 어린 나는 그저 매달 돈을 모아 수업료를 내고, 동생들 학용품을 사줄 생각뿐이었다. 그날도 자욱한 최루탄 연기에 콜록대면서 심부름을 하고 있었는데, 갑자기 눈앞이 캄캄해지더니 정신을 잃고 말았다. 깨어보니 우리 집이었다. 근처에서 최루탄이 터지는 바람에 기절한 나를 학교 관계자가 집에 데려다준 것이다. 그렇게 쓰러진 이튿날에도 나는 일하러 학교에 나갔다.

아르바이트라지만 돈 벌기가 쉽지 않았다. 청소부가 아닌 사환이었던 내게 쌓여 있는 먼지를 청소하지 않았다며 매섭게 쩨려보는 교수님이 있었는가 하면, 눈빛이나 몸짓으로 무시하고 천대하는 교수님도 있었다. 서러운 마음에 혼자 눈물을 훔친 적도 여러 번이었다.

하지만 모두 그러지는 않았다. 교수님들 대부분은 어린 나를 기특하게 여기고 친절하게 대해주셨다. 특히 공과대학 이한주 학장님이 가장 기억에 남는다. 늘 웃는 얼굴로 나를 반겨주시고 심부름을 시키신 뒤엔 고맙다는 말씀을 잊지 않으셨다. 한번은 내게 초상화를 부탁하기도 하셨다.

"네가 그림을 그렇게 잘 그린다며? 어디 내 얼굴 한번 그려보지 않을래?"

나를 '심부름이나 하는 어린애'가 아니라 '꿈을 가진 어엿한 인격체'로 봐주시는 학장님이 정말이지 고마웠다. 얼마 전 〈TV는 사랑을 싣고〉에서 섭외 연락이 와 만나고 싶은 사람을 묻기에 학장님을 이야기했다. 하지만 아쉽게도 미국에 계셔서 촬영은 불가능했다. 뵙진 못해도 건강하게 지내신다는 소식을 들으니 반갑고도 감사했다.

한번은 고등학교 학생들과 선생님이 나를 인터뷰하러 온 적이 있었다. 아이들에게 몇 살이냐고 물었더니 열일곱 살이란다. 아이들 얼굴이 너무나 해사하고 앳돼 보였다. 그 아이들을 보면서 '그때 내 얼굴도 이랬겠구나, 이렇게 아기 같은 얼굴로 수업료 벌겠다고 일하러 나섰구나' 하는 생각이 들었다. 열일곱 살의 나 자신이 새삼 짠하고 딱하게 마음에 밟혔다. 물론 당시의 나는 자기연민에만 빠져 있지 않았다. 언젠가 내가 좋아하고 존경하는 교수님들처럼 이곳 연세대학교 강단에 서게 될 날이 반드시 오리라고 확신하고 있었다. 그리고 정확히 30년 후 기적이 일어났고 꿈은 이루어졌다.

내가 걸어온 모든 길에는
이유가 있다

연세대학교 공과대학 화학생명공학과에서 강의 의뢰가 들어왔다. 학생들이 졸업 후 화장품 회사 연구원으로 취업하는 경우가 많으니 메이크업 전문가로서 관련 강의를 해달라는 요청이었다. 공과대학에서 아르바이트를 시작한 지 꼭 30년 만의 일이었다.

그날 이후부터 강의하는 날까지 매일 잠을 설쳤다. '어쩌면 이런 일이 내게 일어나지? 어떻게 원한다고 다 이루어지지?' 신기하고 감격스러웠다. 어쩌다 잠이 들면 열일곱 나이의 고등학생으로 돌아가 우편물을 품에 안고 연세대학교 복도를 달리는 꿈을 꾸었다.

한숨도 못 잔 채 강연하는 날 아침을 맞았다. 막역한 사이인 김새해 작가, 직원들 몇 명과 함께 강연 네 시간 전에 학교에 도착했다. 화창한 가을날이었다. 내 마음이 들떠서였을까, 교정 곳곳이 활기로 가득 차 있는 것만 같았다. 김새해 작가와 나란히 교정을 걷는데, 몇몇 학생들이 나를 알아보고는 사진을 함께 찍자고 청했다.

점심은 학생식당에서 먹기로 했다. 30년 전 매일 드나들던 학교였지만 학생식당에 가본 적은 없었다. 일행이 많았기에 학생식당 메뉴를 거의 전부 주문해 골고루 맛보았다. 식당을 나오자 김새해 작가가 교내 문구점에 가보자고 했다.

열일곱 살의 나는 연세대 심벌마크가 찍힌 노트가 정말 갖고 싶었다. 대학생 언니 오빠들이 한쪽 팔에 끼고 다니던 그 노트를 선망의 눈으로 바라보던 기억이 생생히 떠올랐다. 언젠가 내가 했던 그 말을 김새해 작가가 기억하고 있었던 모양이다. 연세대 심벌마크가 찍힌 노트 몇 권을 사서 선물해주었다.

강의까지 시간 여유가 있었기에 음악대학으로 발걸음을 옮겼다. 그곳 벤치에 앉아 아름다운 교정을 바라보니 그제야 내가 연세대학교에 다시 왔구나 하는 실감이 났다. 30년 전에는 교수님들의 심부름으로 자주 오갔던 곳인데 벤치에 앉아볼 엄두는 내지 못했다. 딱 5분이라도 앉아볼걸, 그때는 왜 그리 주눅이 들어 있었을까.

마흔일곱 살이 되어 다시 이곳을 돌아보니 열일곱 살 때와는 무척 달랐다. 교문이 저렇게 작았었나, 복도도 훨씬 더 넓고 썰렁했던 것 같은데…. 당시는 성숙한 어른으로 보였던 대학생들도 지금 내 눈에는 마냥 어리고 앳돼 보였다.

꿈은 결코 나를 잊지 않는다

강의 시간에 맞춰 공과대학교 건물로 들어가니 감회가 와락 밀려들었다. 많이 낡았지만 복도며 화장실, 교수실 등 곳곳이 눈에 익었다. 타임머신을 타고 30년 전으로 돌아간 기분이었다. 복도 저 끝에서 깡마르고 작은 열일곱 살의 내가 두꺼운 책을 들고 낑낑대며 걸어올 것만 같았다.

정작 강연에서는 무슨 정신으로 어떤 말을 했는지 모르겠다. 강연 말미에 했던 말 정도가 간신히 기억에 남는다. '여러분이 지금 배우고 익히는 모든 것이 사람들의 삶을 아름답게 변화시키고 K뷰티 산업에 일조합니다. 그런 의미에서 나는 여러분이

고맙습니다. 나중에 화장품 연구원이 되어 나와 함께 일하길 기대합니다.'

종일 꿈결을 걷는 기분이더니 집에 와서야 평상심이 돌아왔다. 나는 그날 내내 열일곱 살 정샘물의 손을 붙잡고 다녔다. 신은 내가 그곳에 처음 간 순간부터 이날을 준비하신 게 아닐까. 악착같이 열심히 살다가도 문득문득 서러움에 울음이 터지던 열일곱의 나를 마흔일곱의 나더러 다독이고 쓰다듬어주라고, 잘했다고 칭찬하고 어깨를 두드려주라고 그 선물 같은 하루를 주셨는지도 모를 일이다.

메이크업 아티스트가 되어 내 이름을 내건 회사와 아카데미, 화장품 브랜드를 만들어 K뷰티의 선두주자로 불리지만, 내게 열일곱 그 시절은 건드릴 때마다 찌르르 통증이 오는 거스러미와도 같았다. 그리고 30년 만에 연세대 강단에 선 그날, 비로소 그 시절의 나와 화해할 수 있었다. 내가 걸어온 모든 길에 이유가 있음을 나는 이제 안다.

신이 나를 편애한다고 여길 만큼 지난 30년 동안 나는 참으로 많은 것을 이루었다. 이 글은 그동안 내게 일어난 그 기적 같은 일에 대한 기록이다. 무엇이 나를 가난한 열일곱 살 소녀에서 메이크업 아티스트이자 두 아이의 엄마, 공동체의 건강한 일원이 되게 했는지, 내가 무엇을 바라고 어떻게 이루었는지…. 이제 그 비밀을 이야기해볼까 한다.

괜찮아,
잘하고 있어,
불안해하지마

열일곱 살의 나는 친구가 없었다. 친구와 놀 시간은커녕 돈도 마음의 여유도 없었다. 친구들과 어울리는 대신 나는 혼자서 스크랩북을 만들었다. 예쁜 사진, 마음에 드는 기사, 멋진 사람의 이미지 등을 열심히 오리고 붙였다.

모으고 스크랩하는 습관은 아주 어릴 때부터 있었다. 내 눈에 예뻐 보이는 거라면 껌 종이든 색종이든 포장지든 천 쪼가리든 무조건 모아놓고 가위로 오리고 조합해서 노트에 붙였다. 어머니가 기록과 스크랩을 무척 좋아하셨는데 어쩌면 그런 성향을 물려받았는지도 모른다.

꿈을 담은 스크랩북으로
환상의 성을 짓다

어릴 때는 스크랩이 그저 장난이자 놀이였지만, 열일곱 시절에는 달랐다. 말 그대로 '살려고' 스크랩을 했다. 나는 보잘것없는 내 현실을 부정하고 싶었다. 비루한 현실이 아니라 신문이나 잡지의 정돈되고 아름다운 이미지 속에 나 자신을 살게 하고 싶었다.

아버지는 늘 부재중이었다. 사업이 잘되면 바빠서, 안 되면 빚쟁이에 쫓기느라 집에 없었다. 내게는 온 가족이 식탁에 둘러앉아 단란하게 밥을 먹거나 가족 여행을 간 기억이 전혀 없다. 이런 결핍을 신문이나 잡지에서 기사를 오려 스크랩하는 것으로 채워갔다. 신문에는 도란도란 가족회의를 여는 가족이 있었고, 아이를 목에 태우고 환히 웃는 아빠가 있었으며, 생일 케이크를 굽는 엄마가 있었다. 또 자신의 커리어를 당당하게 지켜가는 여성이 있었고, 지적인 교수가 있었고, 예쁘게 메이크업을 한 배우도 있었다. 이런 사진을 가위로 쓱싹쓱싹 오려 스크랩북에 붙이면 그 모든 것이 실제 나의 이야기가 되는 것만 같았다.

나도 언젠가는 아름다운 가정을 꾸릴 수 있겠지, 당당한 커리어우먼이 될 수 있겠지, 돈 걱정 없이 하고 싶은 일을 마음껏 할 수 있겠지, 나처럼 어려운 아이를 도울 수 있겠지. 기사나 그림 밑에 나의 이상과 다짐을 담은 글을 적어보기도 했다. 그렇게 스크랩북이 한 권 두 권 늘어갈수록 꿈도 점점 더 원대해졌다.

초등학교 다닐 때 잠시 연희동 달동네에 산 적이 있다. 대궐 같은 고급 주택들을 지나 언덕배기를 한참 오르고 또 올라야 우리 집이 나왔다.

가난한 동네에도 봄이면 장미가 피었다. 호박 넝쿨과 장미 덩굴이 함께 자라는 공터가 내 단골 놀이터였다. 상상 속에서 나는 장미 덩굴로 둘러싸인 멋들어진 성에 사는 공주였다. 한번은 그런 환상을 친구에게 이야기했는데, 친구가 그걸 사실로 믿고 우리 집에 놀러왔다. 달동네에 있는 우리 집을 본 친구의 얼굴이 아직도 생생하다. 친구의 실망한 얼굴에 나의 환상도 무참히 깨졌다.

열일곱 살의 내게 스크랩북은 환상의 성이나 마찬가지였다. 그 성에는 단란한 가족과 멋진 커리어를 가진 나 자신이 살고 있었다. 그리고 스크랩북으로 지은 환상의 성은 절대 무너지지 않았다.

4번의 이벤트, 30년의 기적

2015년 '여성가족부 청년 여성 멘토링 사업'의 대표 멘토로 선정되었다. 강연 준비를 하려고 열일곱 살 기억부터 더듬다가 문득 스크랩북이 떠올랐다. 차곡차곡 모아둔 여러 권의 스크랩북에는 고등학생 시절 내가 선망하고 동경한 이미지들이 가득했다. 추억에 잠겨 한 장 한 장 책장을 넘기다가 갑자기 팔에 오소소 소름이 돋았다.

'잠깐만, 이게 뭐야? 이거 전부 지금 내 모습이잖아?' 단란한 가정 꾸리기, 순수미술 공부하기, 예술적인 분야에서 커리어 키우기, 연세대학교 강단에 서기…. 내가 꿈꾸던 모든 것이 완벽하게 현실이 되어 있었다. 당시에는 스크랩북이 현실에서 도망치기 위한 수단이었는데, 지금 보니 그것은 앞날을 내다본 예언서였다.

너무 놀라 스크랩북의 내용과 일치하는 실제 삶의 궤적을 연도별로 정리해봤다. 그랬더니 또 놀라운 결과가 나왔다. 내 인생의 굵직하고 상징적인 이벤트가 모두 10년 단위로 일어났다. 마치 신이 내 인생에 반듯한 자를 대고 착착 설계한 것만 같았다.

내 인생의 첫 번째 이벤트는 누가 뭐래도 1986년 열일곱 살의 나이로 연세대학교 아르바이트생이 된 일이다. 사환으로 일하며 수업료를 벌어 가까스로 고등학교를 마쳤고, 졸업과 동시에 생업 전선에 뛰어들었다. 여러 아르바이트를 전전하다 마침내 정착한 직업이 메이크업 아티스트였다. 이후 8년 동안 프리랜서로 일하면서 메이크업 아트가 내 천직이라는 사실을 깨달았다. 때로는 서러운 일도 당하고 때로는 돈도 떼였지만, 일이 너무 재미있고 좋아서 지치는 줄도 몰랐다.

그러다 첫 번째 이벤트에서 꼭 10년이 지난 1996년에 남편의 도움으로 나의 첫 뷰티 스튜디오를 오픈했다. 이것이 바로 내 인생의 두 번째 이벤트다. 남편은 배우 배용준과 박상아 등이 소속된 연예기획사의 대표였는데, 그가 소속 배우의 메이크업을 내게 의뢰하면서 인연을 맺게 되었다.

그런데 서너 번쯤 봤을 무렵 그가 내게 관심을 표하기 시작했다. 좋은 사람이라는 건 알고 있었다. 평판도 좋았고 함께 일해 보니 더욱 실감할 수 있었다. 하지만 당시 나는 메이크업 아티스트로 막 자리를 잡아가던 때였고, 가정 형편도 여의치가 않아 누구를 만날 상황이 아니었기에 그를 피해 다녔다. 그러다가 결국 내 가정사를 털어놓았다.

"집안 사정이 어려워서 제가 돈을 벌어야 해요. 지금은 결혼할 수 없는 처지예요."

멀리 도망가라고 한 말인데, 오히려 그는 한 걸음 더 내게 다가왔다.

"그게 이유라면 그 짐, 혼자 떠안지 말고 나랑 나눕시다."

그렇게 우리는 연인이 되었고, 8개월 후 부부가 되었다. 호언장담한 대로 그는 나의 짐을 나누어 지었고, 그렇게 홀가분해진 내 어깨에 크고 튼튼한 날개를 달아주었다.

지금이야 많이 달라졌지만, 당시만 해도 결혼한 여자는 커리어를 포기해야 하는 경우가 많았다. 그러나 나는 오히려 그 반대였다. 당시는 메이크업 아티스트 1세대가 청담동을 중심으로 뷰티 살롱을 오픈해 웨딩 및 연예인 메이크업을 주도하던 때였다. 비즈니스 감각이 남달랐던 남편은, 내추럴 메이크업의 창시자로 주목받던 내가 뷰티 살롱을 오픈하면 충분히 승산이 있을 것이라 판단했다. 프리랜서로 새벽부터 밤늦게까지 현장을 전전하는 것도 더는 보기 힘들다고 했다.

그렇게 해서 1996년 겨울, 청담동의 한 작은 건물을 빌려 나의 첫 뷰티 스튜디오를 오픈했다. 스튜디오를 열자마자 정재계 인사와 연예인들이 물밀 듯 찾아왔다. 얼마 지나지 않아 밀려드는 고객을 다 감당할 수가 없어 결국 1년여 만에 더 큰 건물로 옮겨야 했다. 뷰티 살롱 규모가 커지자 남편은 과감하게 연예기획사를 정리하고 정샘물뷰티의 대표이사가 되었다.

한곳에서 헤어, 메이크업, 스킨케어, 네일 등의 서비스를 모두 받을 수 있는 토털 뷰티 살롱은 K뷰티만의 독특한 시스템이다. 여러 명의 검증된 뷰티 전문가가 모여 있어서 더 안정적인 서비스를 받을 수 있다. 연예인의 경우, 전문가에 따라 뷰티 콘셉트

나 스타일링이 달라지기 쉬운데, 토털 뷰티 시스템을 이용하면 자신의 이미지를 동일하게 유지하고 관리할 수 있다. 뷰티 살롱의 성공은 내 커리어에 큰 이정표가 되어주었다. 당시 우리 살롱은 K뷰티 열풍의 중심지로 인정받으며 일본이나 프랑스 등지에서 이 시스템을 벤치마킹하기 위해 견학을 오기도 했다.

첫 뷰티 스튜디오를 오픈한 지 10년 만인 2006년, 내 나이 서른일곱에 샌프란시스코로 유학을 떠났다. 이것이 바로 내 인생의 세 번째 이벤트다. 한창 사업이 번창하던 시기에 늦깎이로 유학길에 오르기란 쉽진 않았다. 하지만 남편과 지인들의 응원과 격려에 용기를 낼 수 있었다. 나는 유학 생활을 통해 순수미술에 대한 오랜 갈증을 풀고, 나만의 메이크업 철학을 공고하게 확립할 수 있었다. 그야말로 유학이 내게 일생일대의 기회이자 전환점이 된 셈이다.

내 인생의 네 번째 이벤트는 연세대학교 공과대학에서의 강의다. 이 역시 세 번째 이벤트에서 꼭 10년 후인 2016년, 내 나이 마흔일곱에 일어난 일이다. 열일곱에는 아르바이트생으로 종종거리며 대학 캠퍼스를 뛰어다녔고, 스물일곱에는 내 이름을 내건 뷰티 스튜디오에서 새벽부터 밤늦게까지 신명나게 일했다. 서른일곱에는 늦깎이 유학생으로 새로운 지식과 문화를 스펀지처럼 빨아들이며 내면을 살찌웠고, 마흔일곱에는 꿈에 그리던 대학 강단에 섰다. 이 자체로도 놀라운 인생 역전이 아닌가.

 그런데 더 놀라운 것이 있다. 이 모든 이야기가 열일곱 살에 만든 스크랩북 속에 이미 존재하고 있었다는 사실이다. 이것을 과연 우연이라고 말할 수 있을까.

추구하면 얻을 것이니
아무것이나 하찮은 것을 원하지 마라.

사마천(역사가)

이미지를
모으면
꿈에도
가속이 붙는다

누군가 당신에게 슈퍼마켓에 가서 '디리링'을 사오라고 한다. 당신은 '디리링'이 무엇인지 알지 못하므로 슈퍼마켓 점원에게 문의한다. 점원이 가리키는 곳에서 '디리링'이라는 것은 찾았지만, 수많은 '디리링' 중에 무엇을 골라야 할지 혼란스럽다. 어떤 '디리링'은 푸르스름하고, 어떤 '디리링'은 샛노랗고, 또 어떤 '디리링'은 노란 바탕에 검은 점이 박혀 있다. 결국 당신은 눈을 질끈 감고 아무 '디리링'이나 골라온다. 그것이 최선인지 아닌지 당신은 끝내 알지 못한다.

그런데 만일 '디리링'이 아니라 바나나를 사오라고 시켰다면 어떨까? '바나나'라는 단어를 듣는 순간부터 당신 머릿속에는 샛노랗고 단단한 바나나의 이미지가 선명하게 떠오를 것이다. 그 결과 당신은 다양한 바나나들 속에서도 혼란을 느끼지 않고 원하는 바나나를 곧바로 찾을 수 있다.

내가 모은 이미지가
10년 뒤 내 모습이다

이처럼 내 머릿속에 선명한 이미지가 있느냐 없느냐는 무언가를 선택하는 일에 크나큰 영향을 미친다. 원하는 것에 대한 선명하고 뚜렷한 이미지를 가진 사람은 그 이미지와 같거나 비슷한 것을 얻기 위해 최선을 다한다. 자신이 원하는 것이 무엇인지 구체적으로 알기 때문이다. 반면 흐릿하고 막연한 이미지를 가진 사람은 선택의 기준이 없기 때문에 아무거나 손에 잡히는 것을 얻게 된다.

목걸이 하나를 사러 가도 원하는 브랜드, 색상, 모양, 줄의 길이, 매치할 의상 등에 대한 명확한 이미지가 있으면 효율적이고 만족할 만한 쇼핑을 할 수 있다. 반면 '그냥 목걸이'라는 흐릿한 이미지만 가진 사람은 수십 군데 발품을 팔아도 끝내 원하는 것을 사지 못하거나 아무거나 사게 된다.

스크랩북을 만들어야 하는 이유가 여기에 있다. 내가 무엇을 좋아하고 원하는지, 어떤 사람이 되고자 하는지 그저 막연하게 꿈꾸면 그 무엇도 얻기 어렵다. 하지만 스크랩북이라는 시각화 수단을 활용해 내가 원하고 꿈꾸는 것에 대한 명확한 이미지를 뇌에 각인시키면 결과적으로 목표를 이루기가 한결 쉬워진다.

자신이 원하는 이미지를 모으는 사람과 그렇지 않은 사람은 성장 속도 자체가 다르다. 이미지를 모으는 사람의 성장 속도에는 가속이 붙는다. 꿈꾸는 이미지를 모으면 일단 목표 자체가 확실하고 선명해진다. 그러면 선택의 순간에 그것이 자신의 목표에 부합하는지 아닌지 현명한 결정을 내릴 가능성이 커진다. 이미지를 모으는 사람은 우연히 찾아온 기회도 절대 놓치지 않는다. 이 기회가 어떤 가능성으로 이어질지, 내 것인지 아닌지 금세 알아보기 때문이다.

무엇보다 이미지를 모으고 스크랩하는 일은 자신을 이해하고 들여다보는 성찰의 기회가 된다. 순간순간 나를 매료시키고 잡아끄는 이미지를 스크랩북에 일목요연하게 정리해보자. 그러면 어느 순간 매직아이처럼 나라는 사람의 정체성이 또렷하게 떠오른다.

내가 단란한 가족의 이미지를 모은 것은 나 자신이 이상적인 가정을 꿈꾸고 있다는 사실을 말해준다. 또 시각적 쾌감을 주는 온갖 이미지를 모은 것은 미술에 대한 열망이 있음을 뜻한다. 선행을 베푼 사람들의 기사를 모은 것은 나 역시 세상에 선한 영향력을 발휘하고 싶은 꿈을 꾸고 있다는 증거다. 결국 내가 스크랩북 속에서 발견한 것은 어려운 환경에 굴복하는 대신 늘 무언가를 꿈꾸는, 충분히 가치 있고 충분히 멋진 나 자신이었다.

이런 자존감이 있었기에 나는 자신에게 기회를 줄 수 있었다. 내 삶을 변화시킬 기회, 내가 원하는 바를 실현할 기회, 그리하여 더 건강하고 행복한 삶을 살 기회. 스스로가 자신에게 기회를 주지 않으면서 남들이 기회를 주기만을 바랄 수는 없다. 모든 것은 나로부터 시작돼야 한다.

스크랩북이 아니다, 길을 안내하는 북극성이다

나는 여전히 내가 꿈꾸고 바라는 것을 스크랩하고 있다. 예전과 차이가 있다면 스크랩북 대신 휴대전화를 활용한다는 점이다. 나를 강렬하게 잡아끄는 사진이나 기사, 이미지 등을 발견하면 그 즉시 캡처하거나 사진을 찍어 휴대전화에 저장한다. 인스타그램을 활용하는 것도 좋은 아이디어다. 이미지를 수집하는 동시에 짧게나마 단상과 아이디어를 적을 수 있어 아주 유용하다.

열일곱 시절에는 스크랩북이 성냥팔이 소녀의 성냥불 같다고 생각했다. 따뜻한 난로와 맛있는 음식, 그리운 할머니의 얼굴을 잠깐 비추다 힘없이 스러지는 성냥불. 내 스크랩북도 간절한 내 마음을 투영하는 한없이 연약한 성냥불에 불과하다고 여겼다. 잠시의 위안, 잠깐의 현실 도피, 단지 그뿐인 줄 알았다.

하지만 이미지를 모으는 행위에는 그보다 훨씬 더 강력한 힘이 있었다. 스크랩북 속에 담긴 선명한 이미지는, 내가 누구인지, 어떤 길을 가야 할지, 어떤 기회를 잡고 어떤 선택을 해야 할지 알려주었다. 스크랩북은 환상만 보여주다 허망하게 스러지는 성냥불이 아니라 밤길을 비춰주는 북극성이었다. 아무리 현실이 깜깜해도 북극성이 나의 길을 비춰주고 있었기에 두렵거나 막막하지 않았다.

그 시절 스크랩북을 만들지 않았더라면 나는 무엇을 길잡이 삼아 여기까지 왔을까? 지금 내 휴대전화에는 57세, 67세, 더 나아가 107세까지 내 인생을 비춰줄 북극성 같은 이미지가 가득하다. 그 선명한 이미지를 길잡이 삼아 오늘도 나는 한 걸음씩, 한 걸음씩 두려움 없이 걷는다.

미래의 내 이미지를
구체적으로 그려보기

앞으로 당신이 사진을 찍는다면 어떤 모습일까? 구체적으로 떠오르는 이미지를 아래
빈 칸에 적어보자. 당신이 꿈꾸는 이미지와 가장 흡사한 사진 또는 그림을 붙여보는 것
도 좋다.

10년 후 오늘 나는 ....한 모습으로 ....을 하고 있다.

20년 후 오늘 나는 ....한 모습으로 ....을 하고 있다.

30년 후 오늘 나는 ....한 모습으로 ....을 하고 있다.

40년 후 오늘 나는 ....한 모습으로 ....을 하고 있다.

50년 후 오늘 나는 ....한 모습으로 ....을 하고 있다.

60년 후 오늘 나는 ....한 모습으로 ....을 하고 있다.

실패한 꿈은 없다, 이루지 못한 꿈이 있을 뿐

내 학창시절을 돌이켜보면 '그 나이에 어떻게 그런 생각을 다 했을까' 싶은 일이 꽤 많다. 스크랩북만 해도 그렇다. 누군가 내 게 이미지를 모으면 꿈에 더 빨리 다가갈 수 있다고 귀띔해서 시작한 일이 아니다. 그저 좋아서 한 일이다. 그걸 하지 않으면 도저히 살아갈 수가 없을 것 같은 절박함에서 시작한 일이다. 몸이 피곤하거나 스트레스를 받으면 자기도 모르게 달콤한 음식에 손이 가는 것처럼 내 무의식이 자신에게 시킨 일이 아니었을까 싶다.

이와 비슷한 일이 또 있다. 스무 살 후반부터 '인생 로드맵'이라는 걸 만들기 시작했다. 메이크업 아티스트로 이름을 알리기 시작하면서 눈코 뜰 새 없이 바쁘게 일하던 시기였다. 일이 홍수처럼 밀려들어 반갑고 기쁘면서도, 한편으로는 그 거센 물결에 떠밀려 엉뚱한 곳으로 가게 되는 건 아닐까 하는 두려운 마음도 들었다. 그래서 시작한 것이 '인생 로드맵' 만들기다. 그간 해왔던 것처럼 내가 좋아하고 원하는 이미지를 스크랩하되 이것을 체계적으로 분류하고 정리하기 시작했다. 그리고 그렇게 정리한 노트 표지에 '나의 인생 로드맵'이라는 제목을 붙였다.

인생 설계도이자 꿈의 지도, 인생 로드맵

나중에서야 나 말고도 이런 작업을 한 사람들이 있다는 걸 알았다. 그림이나 사진 등을 스크랩함으로써 꿈과 이상을 가시화하고, 그것을 일정한 체계로 매핑(mapping)해서 누구보다도 빨리 꿈을 현실로 만든 사람들이 있었다. 지인의 소개로 이런 이야기를 담은 책들을 읽으면서 내가 오랫동안 품고 있던 의문인 '왜 내가 꿈꾸는 모든 것은 이루어질까?'에 대한 답을 얻었다.

뇌에는 '목표 지향 체제'라는 것이 있어서 명확한 목표를 설정하면 이를 이루기 위해 집요하게 노력하게 된다. 목표가 구체적이고 시각적으로 분명할수록 뇌에서 이를 더 명확하게 인지하기 때문이다. 도달해야 할 고지가 분명하면 그곳을 향해 매진하게 되듯이.

인생 로드맵을 만드는 일은 이러한 목표 지향 체제의 스위치를 누르는 것과 같다. 내가 선험적이고 직관적으로 해왔던 일들을 통해 이런 효과가 있었다는 걸 알게 되자 찌릿 하며 전율이 일었다.

그때부터 나만의 인생 로드맵을 발전시키는 동시에 주변 지인들과도 그 방법을 공유하기 시작했다. 특히 정샘물아트앤아카데미 강의나 청년 멘토링을 할 때면 빼놓지 않고 인생 로드맵을 다룬다. 나는 인생 로드맵을 '자기 삶의 목표를 이루고 자아를 실현하기 위한 구체적인 과정을 도표나 콜라주 등 다양한 방식으로 정리한 것'이라고 정의한다. 만드는 방법은 누구나 쉽게 따라 할 수 있을 만큼 간단하다.

첫째, 자신의 꿈과 이상을 담은 그림이나 사진 혹은 기사 등을 골라서 스크랩한다. 둘째, 스크랩한 자료를 바탕으로 정해진 형식 없이 자유롭게 인생 로드맵을 만들되, 처음에는 내 인생의 과거·현재·미래를 한눈에 볼 수 있게 시간별로 만들면 좋다. 셋째, 끊임없이 업데이트한다. 인생 로드맵은 단번에 완성되지 않는다. 나를 매료시키는 이미지와 글을 발견할 때마다 기존 인생 로드맵에 계속해서 덧붙이고 추가할 수 있다.

246쪽에 소개하는 인생 로드맵은 강연용으로 내가 만든 것이다. 열일곱 살부터 10년 단위로 내게 일어난 일 또는 일어나길 바라는 주요한 사건과 여기서 파생한 아이디어 등을 마치 나무가 가지를 뻗듯 자유로이 적었다.

사실 인생 로드맵에는 따로 정해진 형식이 없다. 처음 그릴 때는 자기 자신을 점검해보자는 의미로 과거·현재·미래를 한눈에 조망하는 로드맵을 만들라고 권하지만, 이후로는 어떤 형식으로든 자기가 만들기 쉽고 보기 편하게 만들면 된다. 1년 단위로 이루고 싶은 일을 자유롭게 콜라주하거나 도표로 정리해도 좋고, 자신의 사명이나 비전·취미·학습 등 분야별로 인생 로드맵을 만들어도 좋다. 자신의 비전과 꿈을 강렬한 이미지로 시각화할 수만 있다면 어떤 형식이든 상관없다.

243쪽은 내가 콜라주 형식으로 만든 또 다른 인생 로드맵이다. 나의 57세 인생 로드맵에는 멋진 복근 사진이 붙어 있다. 사진 아래로 플라잉 요가, 수영, 웨이트 트레이닝, 골프 등 구체적인 운동 종목을 적어두었다. 67세 인생 로드맵에는 패러글라이딩 사진이 있고, 77세 인생 로드맵에는 살사 댄스를 추는 노인

커플 사진과 함께 '균형 잡힌 사람'이라는 글을 적어두었다. 신이 허락한다면 87세, 97세 인생 로드맵도 쓸 일이 있을 것이다. 87세 인생 로드맵에는 오드리 햅번처럼 봉사 여행을 떠나는 계획을, 97세 인생 로드맵에는 프랑스 별장에서 그림을 그린다는 계획을 채워 넣었다.

인생 로드맵을 그리면
두려움도 사라진다

앞서 소개한 뇌의 '목표 지향 체제'가 잘 작동하려면 목표의 시각화 못지않게 반복도 중요하다. 반복적으로 같은 이미지를 떠올리면 우리 뇌가 이를 '목숨을 걸 만큼 중요한 일'로 판단해 목표 지향 체제를 더 잘 작동시킨다는 이야기다. 따라서 인생 로드맵을 만들었으면 자주 들여다보고 반복적으로 꿈을 상기해야 한다. 만들기만 하고 보지 않으면 효과가 떨어진다.

친구나 셀럽들의 인스타그램을 들여다보며 자괴감과 부러움만 키우지 말고, 그럴 시간에 내가 만든 인생 로드맵을 한 번이라도 더 들여다보자. 남의 삶에 내 열정을 낭비할 필요가 없다. 내가 꿈꾸는 내 모습, 그리고 원하는 것에 대한 이미지를 머릿속에 또렷하고 선명하게 각인시키자.

인생 로드맵 이미지는 실물로 보지 않더라도, 머릿속으로 떠올리기만 해도 꿈을 점검하고 동기를 부여하는 효과가 있다고 한다. 하지만 이런 의도적인 노력을 하느니 그냥 눈에 잘 띄는 곳에 붙여두고 자주 보는 편을 추천한다. 내 경우에는 사무실 벽에 걸린 코르크 보드에 콜라주한 인생 로드맵을 붙여두고 시시때때로 보고 있다. 그 외에 컴퓨터나 휴대전화의 바탕화면으로 설정하거나 책상머리 또는 침대 머리맡에 붙여두는 것도 추천할 만한 방법이다.

인생 로드맵을 그리는 일이 의외로 쉽지만은 않다. 수강생들에게 자신의 인생 로드맵을 그려오라는 과제를 내주면 대부분 큰 부담감을 느낀다. 지식이나 학력이 필요한 일도 아니고 그저 나에 관해 이야기하는 것뿐인데 처음 해보는 일이라는 이유로 낯설고 힘들어한다.

사람들은 왜 자신의 인생 로드맵 만들기를 어려워할까? 저마다 여러 가지의 이유가 있겠지만 가장 큰 이유는 실패에 대한 두려움 때문이다. 실패에 대한 두려움이 너무나 크면 꿈조차 쪼그라든다. 이런 처지에 그런 꿈을 꾼다는 게 가당키나 한가? 내가 이런 꿈을 품고 있다는 걸 남들이 알면 얼마나 비웃을까? 이런 두려움이 꿈의 발목을 붙잡고, 인생 로드맵을 그리려는 손길을 자꾸 머뭇거리게 한다.

큰 변화를 가져올 아주 사소한 시작

인생 로드맵은 인생 계획표와 다르다. 계획표는 실현 가능한 목표를 잡는 것이 중요하지만, 인생 로드맵은 꼭 그럴 필요가 없다. 물론 로또 당첨, 유산 상속처럼 행운이나 타인에 의존하는 꿈은 곤란하다. 맨몸으로 하늘 날기처럼 실현 불가능한 꿈도 마찬가지다. 하지만 노력으로 이룰 수 있는 꿈이라면 지금 당장은 허황해 보여도 얼마든지 인생 로드맵에 넣을 수 있다. 아니 오히려 크고 원대한 꿈일수록 좋다. 작은 꿈을 꾸면 작게 이루고, 큰 꿈을 꾸면 크게 이룬다.

설령 꿈을 이루지 못한다 해도 그것이 곧 실패는 아니다. 만일 내가 스무 살에 미대에 진학하지 못한 것을 실패라 여기고 그 꿈을 포기했다면 서른일곱 살에 샌프란시스코 유학을 결심하진 못했을 것이다. 그 꿈을 인생 로드맵에서 삭제하지 않는 한, 계속해서 내 가슴에 새기고 또 새기는 한, 언젠가 어떤 기회로든 꿈은 반드시 이루어진다. 따라서 실패한 꿈은 없다. 아직 이루지 못한 꿈이 있을 뿐이다.

특히나 20~30대는 실패를 두려워할 이유가 없다. 젊음에는 회복 탄력성이 존재한다. 실패해도 다시 튀어 오를 에너지가 있다. 젊은 시절 나는 체격이 작고 마른 데다 마음도 약했다. 어른들에게서 '저렇게 약하고 눈물이 많아서야 뭘 할 수 있을까' 하는 소리를 자주 들었다. 하지만 어리고 약하고 눈물이 많은 데다, 가난하고 학벌도 없던 나는 그 시절을 견뎌냈고 자신을 지켜냈다. 언젠가 인생 로드맵 속 이미지처럼 근사한 사람이 되리라는 확신이 어떤 실패도 이겨낼 힘을 주었다.

몇 년 전 일이다. 웨딩 메이크업 예약이 있어서 일찍 출근했는데, 밤새 창문이 열려 있었는지 참새 한 마리가 들어와 있었다. 참새가 나갈 수 있게 창문을 활짝 열어주었지만, 참새는 유리창에 작은 몸을 퉁, 퉁, 부딪기만 할 뿐 좀체 탈출하지 못했다. 저러다가 잘못되면 어쩌나 더럭 두려운 마음이 들었지만 도울 방법이 없었다. 몇 번이고 유리창을 들이받고 쓰러지는 모습을 도저히 볼 수가 없어 눈을 꼭 감고 기도만 했다. 한참을 그러고 있다가 더는 소리가 들리지 않아 눈을 떠보니 다행히도 참새는 열린 창으로 빠져나가고 없었다.

어쩌면 우리도 유리창에 갇힌 참새와 같을지도 모른다. 훤히 열린 창은 보지 못하고, 닫힌 창을 향해서만 돌진하는 참새. 그러나 창은 이미 열려 있다. 단지 그걸 보지 못할 뿐이다. 유리창에 수십, 수백 번 몸을 부딪쳐도 포기하지만 않는다면 언젠가는 반드시 열린 창을 통과해 푸른 하늘로 날 수 있다. 생생하게 꿈꾸고, 치열하게 노력하고, 처절하게 실패하자. 그럼에도 불구하고 계속 일어나면 마침내 꿈은 현실이 된다.

인생 로드맵 만들기 전
가볍게 몸 풀기

인생 로드맵 만들기가 막막하다면 먼저 아래 질문에 답해보자.

지금의 나를 만든, 과거의 중요한 사건은 무엇일까?

1
....

2
....

3
....

4
....

5
....

지금의 나를 표현할 만한 키워드는 무엇일까?

1
....

2

_____

3

_____

4

_____

5

_____

미래의 나를 상상하면 떠오르는 키워드는 무엇인가?

1

_____

2

_____

3

_____

4

_____

5

_____

CHAPTER 2

출발선 다지기

: 모든 미래는 '지금의 나'에서 시작된다

아름다움은 나로부터 시작된다.
믿어라.

정샘물뷰티 슬로건

나만의
고유성을
드러내는
퍼스널 컬러

"당신의 눈동자는 무슨 색깔인가요?"

사람들에게 이 질문을 하면 대개는 고개를 갸웃한다. 살아오면서 거울에 비친 자신의 모습을 수없이 봤을 텐데 눈동자 색도 모를까 싶지만, 그렇지 않다. 의외로 많은 사람이 자신의 눈동자 색을 잘 모르거나 잘못 알고 있다.

유학 시절 다양한 인물화를 그려보면서 '빨강, 노랑, 파랑, 녹색, 주황, 보라' 이 여섯 가지 색만 있으면 어떤 인종이든 표현할 수 있다는 걸 알게 되었다. 여섯 가지 색상에 흰색을 섞거나 명도를 조절하면 모든 인종의 피부, 눈동자, 입술, 머리카락의 색을 구현할 수 있다. 이 사실을 깨닫고부터는 사람들의 눈동자 색을 유심히 관찰하는 버릇이 생겼다. 동양인의 눈동자는 당연히 검을 거라고 짐작하지만, 인체를 이루는 색소에 검은색은 존재하지 않는다. 인물화를 그려보면 안다. 머리카락과 눈동자를 새카맣게 칠해놓으면 사람이라기보다 외계인에 가까워 보인다.

레드 립이 정샘물의
시그니처가 된 이유

　　　　　동양인의 눈동자를 잘 관찰해보면 검은색이 아니라 브라운색이다. 그냥 브라운색이 아니라 빨강, 녹색, 노랑, 파랑 등 다양한 색상들의 조합으로 만들어지는 브라운색이다. 빨강과 녹색의 조합으로 만들어진 '레드브라운'(다크브라운) 눈동자가 가장 흔하고, 다음으로 주황과 파랑이 섞인 '오렌지브라운'이 많다. 노랑과 보라가 섞인 '옐로브라운'은 상대적으로 희귀한 편이다.

　사실 눈동자 색은 조명이나 계절에 따라 조금씩 달라 보인다.

특히 서양인의 눈동자 색은 봄여름에는 밝은 노란색이었다가 가을과 겨울에는 짙은 갈색으로 바뀌는 등 계절에 따라 변화의 폭이 큰 편이다. 일조량에 따라 피부색이 달라지는 것처럼 눈동자 색에도 미묘한 변화가 생긴다. 동양인은 서양인처럼 눈동자 색이 크게 달라지진 않지만, 봄여름에는 옐로브라운이었다가 가을과 겨울에는 오렌지브라운이 되기도 한다.

자신의 눈동자 색을 아는 것이 왜 중요할까? 눈동자 색에 따라 어울리는 색이 달라지기 때문이다. 눈동자를 이루는 기본 색상이 자신에게 가장 잘 어울리는 색상이라고 보면 된다. 즉 레드브라운 눈동자를 가진 사람은 눈썹과 모발을 짙게 하고, 메이크업이나 패션 아이템에 빨간색이나 녹색 톤을 활용하면 잘 어울린다. 오렌지브라운의 눈동자에는 밝은 색상의 눈썹과 모발, 코랄 계열의 메이크업, 주황색과 파란색의 패션 아이템이 적절하다. 옐로브라운 눈동자라면 금발과 핑크 및 보라 계열이 잘 어울린다.

이런 기준으로 눈썹 및 모발, 메이크업, 의상과 패션 아이템의 전반적인 색상을 맞추면 실패할 확률이 낮다. 내 경우에는 눈동자가 빨강과 녹색이 섞인 레드브라운이라서 레드 립스틱을 바르면 아주 화사해진다. 반면 오렌지나 핑크 계열의 립스틱을 바르면 어딘지 모르게 촌스러워 보인다.

물론 눈동자 색만 신경 써야 하는 건 아니다. 자신에게 어울리는 색을 결정하려면 피부 톤도 고려해야 한다. 그러나 한국 여성들이 신봉하는 웜톤, 쿨톤의 분류법은 적절하지 않다. 사람의 피부색은 그렇게 단일하고 균질하지 않기 때문이다. 대개 뺨이나 귀, 입술 등은 웜톤이고 코나 입 주변, 눈가 등은 쿨톤이다. 한 사람의 얼굴에 웜톤과 쿨톤이 함께 있으므로 '나는 웜톤이다, 쿨톤이다' 하고 확실하게 단정하기는 매우 어렵다. 따라서 피부는 어두운 톤, 중간 톤, 밝은 톤 정도로만 나누고 이에 어울리는 색상을 활용하는 것이 좋다.

한 번뿐인 인생,
나만의 컬러로 채우는 법

나는 일찍부터 헤어 염색이나 포인트 메이크업에 매우 다양한 색상을 시도해왔다. 당연히 모든 색상이 다 잘 어울리진 않았다. 메이크업을 했을 때 유독 촌스럽거나 답답해 보이는 색상이 있었는데, 그럴 때면 한숨이 절로 나왔다. '아, 너무 안 어울려. 난 너무 못생겼어!' 자존감이 땅바닥까지 떨어지는 느낌이었다. 하지만 사람마다 고유의 색, 퍼스널 컬러가 있다는 사실을 깨닫고부터는 거울 앞에서 한숨을 쉴 일이 없어졌다. 모 연예인처럼 아름다워져서가 아니라

'가장 나다운 아름다움'을 찾았기 때문이다. 우리 안에는 이미 빛나는 내가 있다. 그것을 찾아내기만 하면 된다.

퍼스널 컬러가 중요한 이유가 바로 여기에 있다. 자기 고유의 색을 알기 전과 후는 상당한 차이가 있다. 퍼스널 컬러를 알면 립스틱 하나만 쓱쓱 발라도 나만의 고유한 멋을 표현할 수 있다. 연예인이 바르는 색이니까, 내 친구가 발랐더니 예뻐 보여서, 올여름에는 이 색상이 유행이라니까⋯. 이제는 이런 생각으로 나만의 컬러를 고르지 말자.

어떤 옷을 입을지, 어떤 색상의 립스틱을 바를지 정하는 기준은 오로지 나 자신이 되어야 한다. 퍼스널 컬러를 아는 사람은 시즌마다 바뀌는 유행에 휘둘리지 않는다. 주인공은 언제나 나 자신이지 유행이 아니라는 걸 알기 때문이다. 그래서 유행이란 무작정 따라야 할 게 아니라 나에게 어울리도록 활용하고, 적절히 응용해서 즐겨야 하는 대상이라는 걸 깨닫게 된다.

강의 중에 퍼스널 컬러가 얼마나 중요한지 이야기하면 사람들 얼굴에 당혹감이 스친다. '그래, 내 퍼스널 컬러를 아는 일이 정말 중요하구나. 그런데 잠깐, 내 눈동자 색은 뭐더라?' 하는 표정들이다. 정샘물아트앤아카데미 수강생들도 별반 다르지 않다. 우리 아카데미 수강생은 10대 후반에서 40대 중반까지 연령층이 매우 다양하다. 메이크업에 관심이 많아 평소 이런저런 스타일을 많이 시도해봤을 텐데도 자기 고유의 색을 아는 사람은 생각보다 많지 않다.

그 많은 시간, 거울 속 나를 바라보면서도 자기 눈동자 색을 모르는 이유는 무엇일까? 퍼스널 컬러가 중요하다는 사실을 몰랐기 때문이겠지만, 한편으로는 자신을 들여다보고 내면의 소리에 귀 기울일 겨를이 없었다는 뜻이기도 하리라. 나만의 색을 찾는 일은 관찰에서 시작된다. 퍼스널 컬러를 알고, 내 고유의 색·면·결을 깨닫는 일은 오로지 오랜 관찰과 연구 그리고 자신에 대한 믿음을 통해서만 가능하다.

'Beauty starts from you. Just believe.'

정샘물뷰티의 슬로건이다. '아름다움은 다름 아닌 나로부터 시작한다는 것을 믿으라'는 뜻이다. 아름다움은 나를 알고 나를 믿어주는 데서 시작한다. 나를 관찰하지 않고 타인과 비교부터 하면 내 외모는 늘 못마땅하고 고쳐야 할 것투성이가 되고 만다. 하지만 나를 세심하게 관찰하고, 이를 통해 고유의 색상을 찾으면 그간 보지 못한 나만의 아름다움을 발견할 수 있다. 그리고 이런 개인이 모이고 모이면 다양한 아름다움이 공존하고 개성이 존중받는 사회가 만들어진다.

인터넷으로 유행 색상을 찾기 전에 거울 속 내 얼굴부터 들여다보자. 햇빛이 잘 비치는 창가에서 셀카를 찍은 다음 이를 확대하면 눈동자 색이 명확하게 보인다. 대충 브라운색으로 알고 있던 내 눈동자에 붉은빛 또는 오렌지빛이 어른거리는 것을 알게 될 것이다. 내 눈동자 색을 이루는 이런 미묘한 색감에 집중하고 자신만의 고유성을 발견하는 순간, 비로소 자신의 아름다움을 믿고 사랑하게 된다. 나는 내가 믿는 만큼 아름다워진다.

지금 '어디'에 있는지 알아야 길을 잃지 않는다

고등학교 2학년 학생 200명을 대상으로 강의를 하면서 '하고 싶은 일이 있느냐'고 물어본 적이 있다. 이 질문에 자신 있게 손을 드는 학생은 별로 없었다. 강의를 마치고 돌아서는데 세 명의 학생이 나를 쫓아 나왔다.

"제 장래가 너무 고민이에요."

"저도요! 뭘 해야 할지, 어떤 준비를 해야 할지 모르겠어요."

강의 중 던진 내 질문이 아이들의 가슴을 뛰게 한 모양이었다.

"너희들이 정말 신나고 행복해서 하는 일이 있을 거야. 그게 뭔지 생각해봐."

"잘 모르겠어요…."

선생님이나 부모님이 하라고 하는 건 열심히 하는데, 정작 자기가 뭘 좋아하고 뭘 하고 싶은지는 모르겠다고 한다.

인간의 평균 수명이 점점 늘어 앞으로는 120살까지 살 거라고 한다. 스무 살도 안 되는 고등학생이 앞으로 무얼 하고 싶은지 명확히 안다면 그게 오히려 이상한 일인지도 모른다. 게다가 요즘 고등학생들은 자신을 돌아볼 여유도, 스스로 무언가를 결정할 기회도 빼앗기고 사는 처지 아닌가. 그래도 자기가 무얼 좋아하는지, 무슨 일을 할 때 행복한지조차 잘 모른다는 사실이 새삼 안타까웠다. 그림을 그리고 싶다는 열망이 가득했던 내 고등학생 시절을 떠올리면 더욱 그랬다.

나를 모르면 타인은 언제나 지옥

정샘물아트앤아카데미의 주요 커리큘럼에 '나 자신을 알고 찾아가는 과정'을 포함시킨 이유가 여기에 있다. 자신을 모르면서 다른 사람의 아름다움을 끌어낼 수는 없다. 많은 수강생이 수업을 듣기 전에는 자기 얼굴에 대해 잘 몰랐다고 말한다. 얼굴뿐만이 아니다. 자신이 무엇을 좋아하고 무슨 일에 가슴이 뛰는지, 나는 어떤 사람인지 잘 모르는 경우가 허다하다.

물론 모두 그렇지는 않지만, 낮은 자존감을 외모에 대한 과도한 집착으로 해소하려는 수강생도 더러 있다. 그렇게 생긴 집착과 관심을 소질과 적성으로 착각해서 메이크업 아티스트가 자신의 천직이라고 말하기도 한다. 이런 수강생들을 아티스트로 키워내기 위해 필요한 것은 메이크업 테크닉이 아니다. 그들에게는 우선 자신의 마음을 들여다보고 자신을 관찰하고, 그런 자신과 화해하는 과정이 필요하다.

'블라인드 컨투어 드로잉'(blind contour drawing) 수업이 그 일환이다. 스케치북을 보지 않고 오로지 그릴 대상에만 시선을 고정한 채 연필을 떼지 않고 그림을 그리는 방법인데, 시각과 촉각을 발달시키고 집중력과 관찰력을 키우는 데 매우 효과적이다. 완성된 그림을 보면 그린 사람의 성향이 한눈에 보인다.

일필휘지로 쓱쓱 그린 사람은 성격도 과감하고, 머뭇머뭇 망설인 흔적이 있는 사람은 성격도 조심스럽고 예민하다. 부드러운 선을 그린 사람은 원만하고 온화한 성격, 날카롭고 뾰족뾰족한 선을 그린 사람은 예민한 성격으로 봐도 무방하다. 종이를 꽉 채워 풍성하게 그림을 그렸다면 대담하고 활기찬 성격일 가능성이 크고, 귀퉁이에 조그맣게 그렸다면 신중하고 조심스러운 성격일 수 있다.

완성된 그림을 통해 그린 사람이 자신을 얼마나 믿는지도 알 수 있다. 스케치북을 보지 않고 오로지 대상에만 시선을 고정하기 때문에 자신을 믿지 못하면 그림에도 망설임과 주저함, 두려움이 담길 수밖에 없다. 그런 의미에서 블라인드 컨투어 드로잉 수업은 그릴 대상을 관찰하는 동시에 나의 내면을 들여다보는 계기가 된다.

대가의 그림을 고스란히 베껴 그려보는 '마스터 카피'(master copy) 수업도 마찬가지다. 그림을 따라 그리기에 앞서 그 그림을 선택한 이유를 돌아가며 발표한다. 그러다 보면 내가 어떤 스타일의 그림을 좋아하는지, 그 이유는 무엇인지 자신의 마음을 찬찬히 살펴보게 된다.

인생 로드맵의 기준은
언제나 '나 자신'

내가 강의하는 '컬러 앤드 디자인'(color & design) 수업에서는 유독 우는 수강생들이 많다. '나에 대해 생각해보기'가 숙제로 나가고 수업 중에 이를 발표해야 하니 억지로라도 자신을 돌아봐야 한다. 나는 수강생들이 마음을 최대한 열 수 있도록 들어주고 공감하고 격려하는 역할을 한다. 때론 내 힘든 속내를 먼저 털어놓기도 한다. 그러면 수강생들도 솔직하게 자기 이야기를 시작한다. 때로는 아주 친한 친구에게도 털어놓지 못했던 이야기들이 터져 나오기도 한다. 그럴 때면 말하는 사람도, 듣는 사람들도 눈물범벅이 된다.

컬러 앤드 디자인 마지막 수업 때는 이제껏 배운 메이크업 테크닉을 기반으로 어떤 메이크업을 하고 싶은지, 그 이유는 무엇인지 발표하는 시간을 갖는다. 말하기 어려워하는 친구들이 있으면 자연스럽게 말문을 열 수 있도록 질문을 던진다.

가령 수강생 한 명이 꽃을 활용한 메이크업을 하고 싶다면서도 그 이유에 대해서는 말하지 못하면 '꽃이 왜 좋은지, 꽃을 좋아하게 된 계기가 있는지' 등을 묻는다. 그러면 수강생은 지금까지 단 한번도 진지하게 생각해본 적 없는 문제라 당황하면서도 천천히 기억을 더듬기 시작한다.

"생각해보니까 꽃을 좋아하게 된 건 엄마 때문인 것 같아요. 엄마가 꽃을 워낙 좋아하셔서 집 안 곳곳에 늘 꽃을 꽂아두셨거든요."

그러다 문득 수강생은 자기 인생이 늘 엄마의 영향력 안에서 움직였음을 깨닫는다.

"그러고 보면 저는 지금까지 제 의견보다는 엄마 의견을 더 중시했던 것 같아요. 무슨 일을 하든 나보단 엄마가 좋아할지 아닐지가 판단 기준이었어요. 인생의 중요한 고비마다 대체로 엄마 의견을 따라왔고요.″

평상시에는 전혀 의식하지 못했던 것들인데, 자신을 돌아보는 과정에서 깨닫게 된 후엔 무척 놀라는 경우가 많다. 이런 과정을 통해 수강생들은 남을 의식하는 시선, 자신을 억눌렀던 감정에서 벗어나 오롯이 자기 자신과 대면한다. 수십 년을 나로 살아왔지만, 이렇게 발견한 자신은 참으로 낯설고 때론 아름답다. 그제야 타인은 내게 시기나 질투를 유발하지도 상처를 주지도 못하는 존재임을 깨닫는다. 그 모든 것은 내가 만들어내는 것임을 알았기 때문이다. 비로소 세상을 향해 건강하고 씩씩한 첫발을 내디딜 수 있게 된다.

우리가 길을 잃는 이유는 무엇일까? 누군가는 목적지가 없어서라고 하고, 또 누군가는 지도가 없어서라고 한다. 하지만 길을 잃는 진짜 이유는 내가 어디에 있는지 모르기 때문이다. 현재의 좌표를 알아야 어떤 방향으로 갈지 경로를 설정할 수 있다. 내가 발을 딛고 선 여기가 어딘지 모르면 아무리 목적지가 분명하고, 잘 그려진 지도를 손에 쥐고 있어도 길을 잃을 수밖에 없다.

마찬가지로 내가 누군지 모르면 아무리 인생 로드맵을 그럴듯하게 그려도 길을 찾을 수가 없다. 그러니 내 인생 로드맵의 목적지가 어디든 지금 당장 해야 할 일은 내 안을 파헤치고 들어가 내가 누구인지 파악하는 것이다. 나를 관찰하고 나만의 고유성을 파악하는 것이 나의 핵심 가치를 만드는 첫걸음이다.

나의 가치는 누가 만들어서 내 손에 쥐여주는 것이 아니다. 많이 배워야, 키가 커야, 아름다워야, 돈이 많아야 얻어지는 것도 아니다. 이런 모든 것들에서 벗어나 발가벗은 자신을 똑바로 바라보는 것이 중요하다. 진정한 자신과 만나면 그 안에서 자신만의 색깔도, 고유성도, 핵심가치도 발견할 수 있다.

나는 매일 아침 일어나 거울 속의 나를 관찰한다. 내 눈동자 안에서 뜨거운 붉은 빛과 평화로운 녹색 빛이 어룽거려 부드러우면서도 또렷한 브라운을 만드는 것을 본다. 오늘도 나는 깨어 있고, 나의 의식은 내면을 향해 활짝 열려 있다. 지금까지의 시간이 만든 거울에 비친 나를 관찰하면서 일상의 의미와 해야 할 일의 동기를 찾는다. 그러므로 아름다움은 언제나 나에게서 나온다. 나는 그걸 믿는다.

나를 알기 위한 스무 가지 질문

LIFE MAKE-UP

1 나는 언제 편안한 감정을 느끼나?

2 나는 언제 화가 나거나 짜증이 날까?

3 내 선택에 가장 큰 영향을 미치는 사람은 누구일까?

4 최근 내가 행복하다고 느낀 때는 언제인가?

5 최근 내가 불행하다고 느낀 때는 언제인가?

6 정말 싫지만 억지로 하고 있는 일은 무엇인가?

7 정말 하고 싶지만 못하고 있는 일은 무엇인가?

8 나 자신이 가장 싫을 때는 언제인가?

9 나 자신이 만족스러울 때는 언제인가?

10 내 미래를 생각하면 무엇이 가장 기대되는가?

남과
비교하지 말고
'최고의 나'에
집중하기

우리나라 뷰티업계에는 '21호 불패 신화'가 있는 듯하다. 21호 파운데이션은 무조건 잘 팔린다. 우리 회사 제품만 봐도 그렇다. 모든 피부 톤을 반영해 다양한 색상의 파운데이션을 출시하고 싶지만, 미디엄이나 미디엄 딥 색상도 인기가 덜한 실정이라 그보다 더 어두운 색상은 개발할 엄두도 못 낸다.

우리나라 여성의 대부분이 밝은 피부 톤을 가졌냐 하면 그건 아니다. 21호 파운데이션이 어울릴 만한 피부 톤은 생각보다 많지 않다. 이는 다시 말해 많은 여성이 자신의 피부 톤보다 더 밝은 색상의 파운데이션을 쓰고 있다는 말이다.

이런 현상은 태국, 중국, 싱가포르 등 다른 아시아 국가에서도 나타난다. 외국인 고객이 많이 찾는 가로수길 매장에서도 밝은 색상의 파운데이션이 월등히 잘 팔린다. 매장 아티스트들 말로는 자기 피부 톤에 맞는 파운데이션 색상을 추천받고도 계산대에서 마음을 바꿔 라이트 색상으로 교환하는 고객이 많다고 한다.

당신은 이미 충분히 아름답다

여성들이 유난히 21호 파운데이션을 편애하는 이유는 무엇일까? 아마도 희고 밝은 피부에 대한 선망 때문이리라. 하지만 밝은색 파운데이션을 바른다고 해서 피부가 화사해지는 것은 아니다. 자신의 피부 톤과 맞지 않는 파운데이션을 바르면 시간이 지날수록 안색이 시멘트색처럼 변하면서 오히려 칙칙해 보이기 쉽다.

나는 직업상 다른 사람의 메이크업에 매우 민감하다. 애써 보려 하지 않아도 그냥 보인다. 아이 메이크업을 이렇게 바꾸면 더 자연스러울 텐데, 립스틱 색을 바꾸면 한결 생기 있어 보일 텐데 하는 아쉬움이 들 때가 많다. 물론 허물없이 지낼 정도로 친한 사이가 아니면 내색하지 않는다. 그런데 하루는 뷰티업계 종사자인 가까운 지인이 자기 피부색에 비해 밝은 톤의 파운데이션을 쓴 것이 눈에 띄어 나도 모르게 한마디 건넸다.

"네 피부는 미디엄 톤인데, 라이트 색상을 발랐네?"

"밝고 화사한 게 좋아서. 미디엄을 바르면 왠지 인상이 좀 세 보이기도 하고."

나는 그 친구의 어두운 피부 톤이 건강하고 생기 있어 보여 좋은데, 정작 본인 마음에는 들지 않았던 모양이다. 그러고 보면 자신이 가진 매력을 깨닫지 못하고 오히려 단점으로 받아들이는 여성이 꽤 많다.

순한 눈매를 두고 굳이 아이라인을 위로 길게 빼서 그리거나, 우아한 아치형 눈썹을 밀고서 자기 얼굴형에 어울리지도 않는 일자 눈썹을 그리는 여성을 보면 안타깝다. 자신의 타고난 아름다움을 잘 모르는 것 같아서 말이다. 쌍꺼풀 없는 눈에 여러 겹의 아이섀도를 발라 오히려 눈매를 갑갑하게 만들거나, 주근깨 위에 컨실러를 두껍게 바르는 여성도 있다. 다른 사람 눈에는 쌍꺼풀 없이 도톰한 눈꺼풀도 주근깨가 점점이 뿌려진 뺨도 매력적으로 보이는데, 당사자는 그저 짙은 화장으로 감추고 숨겨야 할 콤플렉스로 여긴다.

눈이 크고 시원해야, 입술이 도톰해야, 피부가 희고 티끌 하나 없어야 아름답다는 생각은 편견이자 고정관념이다. 나는 지금까지 수많은 연예인과 일반인의 얼굴을 매만져왔다. 장담컨대 그 가운데 아름답지 않은 얼굴은 단 하나도 없었다. 기초 제품만 바른 그 모든 맨얼굴이 내게는 아름다웠다. 어떤 얼굴은 이지적인 눈빛이, 어떤 얼굴은 단정한 콧방울이, 또 어떤 얼굴은 다정한 입매가 돋보여 아름다웠다. 뺨 한가운데 찍힌 작은 점이 매력적인 얼굴도 있었고, 아치형 눈썹이 자연스러워 보기 좋은 얼굴도 있었다.

각자의 얼굴에 엄연히 존재하는 이런 매력이 왜 자신의 눈에는 보이지 않는 걸까? 그건 우리가 시선을 자신의 내면에 두기보다는 외부에 두기 때문일 것이다. 미적 기준이 내가 아닌 남, 일상이 아닌 환상에 맞춰져 있다면 결코 자신의 아름다움을 볼 수 없을지도 모른다.

당신은 당신의 아름다움을 모른다

요즘 젊은이들 사이에서 〈온라인 탑골공원〉을 비롯한 1990년대 대중문화 동영상이 인기를 끌고 있다. 1991년에 일을 시작해 1994~1995년부터 실력을 인정받기 시작한 나로서는 1990년대 대중문화 동영상을 볼 때마다 소회가 남다르다.

1990년대 초반에는 짙은 와인색 립에 눈썹 산을 높이 그린, 일명 '갈매기 눈썹'이 큰 인기를 끌었다. 세련되고 도회적이며 섹시한 이미지를 강조한 메이크업인데, 지금 트렌드와 비교하면 다소 부담스러워 보이는 것도 사실이다. 재미있는 점은 거의 모든 여성 연예인이 얼굴 생김새나 피부 톤, 나이, 캐릭터와 무관하게 와인색 립과 갈매기 눈썹을 하고 나왔다는 점이다. 연예인뿐 아니라 거리를 활보하는 일반 여성들도 열에 아홉은 그런 얼굴이었다.

당시 내로라하는 스타들과 함께 일하던 나는 그런 메이크업 경향을 따르면서도 한편으론 이를 대체할 다른 메이크업 방법을 연구하고 있었다. 막 세안을 마친 배우들의 맨얼굴은 너무나 아름답고 청순한데, 여기에 두꺼운 파운데이션과 과장된 눈썹, 그리고 부자연스러운 립을 연출하니 오히려 미모를 망치는 느낌이 들었기 때문이다.

어떻게 하면 배우가 가진 본연의 아름다움과 고유의 색을 잘 살릴 수 있을까? 어떻게 하면 배우의 자연스러운 실물 그대로를 화면에 고스란히 전달할 수 있을까? 오랜 시간 고민에 고민을 거듭했다. 그러다 문득 오래전 어머니가 하신 말씀이 떠올랐다.

"샘물아, 아마추어와 마스터의 차이가 뭔지 아니? 뭘 한 티가 역력하면 아마추어지만, 뭘 하고도 교묘하게 티가 나지 않으면 마스터야. '분명 어딘가 예뻐졌는데, 도대체 뭘 어떻게 한 거지?' 하는 궁금증을 자아내는 사람이 바로 마스터인 거지."

젊은 시절 순수미술을 전공한 어머니의 이 말씀에는 굉장한 통찰이 있었다. 어머니 책장에는 대가들의 화집이 꽂혀 있었다. 어릴 때부터 나는 화집을 꺼내서는 해지는 줄도 모르고 방 안이 어둑어둑해질 때까지 홀린 듯 들여다보곤 했다. 대가의 그림은 언제나 나를 사로잡았다. 어떻게 이렇게 그렸지? 아무리 들여다봐도 그 방법을 알 길이 없었다. 그래서 더 아름답고 경이롭고 신비로웠다.

'맞아, 메이크업도 그래야 하는 거지. 빤히 들여다보이는 방법으로는 아무도 사로잡을 수 없지!'

이 사실을 깨달은 나는 기존의 메이크업 트렌드를 따르지 않고 새로운 메이크업을 시도해보기로 했다. 세수만 하고 나온 듯한 청초하고 자연스러운 얼굴이지만 세수만 한 얼굴과는 분명 다른 얼굴, 좀 더 정돈되고 깔끔하고 생기 있어 보이는 얼굴을 만들려면 어떻게 해야 할까? 그런 메이크업을 촬영 내내 유지하려면 어떻게 해야 할까? 이런 고민 끝에 탄생한 것이 바로 '투명 메이크업'이다.

투명 메이크업은
테크닉이 아니라 '철학'이다

　　　　　　　　　연예인은 원래 예쁘고 피부
가 좋으니까 투명 메이크업이 어울리지만, 평범한 일반인에게
는 적용하기 어려울 거라고 하는 사람도 있었다. 이는 투명 메이
크업을 그저 화장을 얇고 옅게 하는 것이라고 오해한 결과다.

　투명 메이크업은 각자가 지닌 고유의 피부색과 개성을 두꺼
운 화장으로 가리거나 왜곡하지 않고 자연스럽게 살리는 것이
다. 결과적으로는 맨얼굴에 가까운 옅은 메이크업처럼 보일지
몰라도 메이크업 전과 후를 비교해 보면 확연한 차이가 느껴진
다. 어디에 어떤 방법으로 메이크업을 했는지 모르겠는데, 왠지
더 생기 있고 아름다워 보이는 것이 바로 투명 메이크업의 마법
이다.

　마법은 결코 쉽게 이루어지지 않는다. 난이도로 따지면 오히
려 두껍고 진한 메이크업이 훨씬 쉽다. 파운데이션을 덕지덕지
발라 잡티를 가리고 갈매기 눈썹과 짙은 색 립스틱으로 포인트
만 주면 끝이니까. 하지만 투명 메이크업에는 이보다 훨씬 더
많은 시간과 정성을 들여야 한다.

　일단 메이크업할 대상의 매력과 장점을 파악해야 한다. 잡티
나 세월의 흔적을 없앨 때는 부자연스럽거나 어설퍼서는 안 된

다. 그러려면 베이스 메이크업 제품의 양 조절이 관건이다. 파운데이션이든 컨실러든 아주 얇게, 여러 번에 걸쳐 정성껏 덧발라줘야 한다. 이런 숙련된 과정을 거치면 본래 피부가 좋든 나쁘든, 연예인이든 일반인이든 상관없이 투명 메이크업으로 충분히 아름다워질 수 있다.

투명 메이크업에는 분명 노하우가 필요하지만, 단순히 테크닉에 한정된 문제가 아니다. 오히려 '철학'에 가깝다. 많은 여성이 자신을 부정함으로써 아름다워지려고 한다. 외부의 미적 기준에 맞지 않는 자신을 버리고 전혀 다른 사람이 되어야만 예뻐질 수 있다고 여긴다. 그래서 잡티는 무조건 없애야 하고, 립스틱 색과 눈썹 모양은 무조건 유행에 따라야 한다는 강박관념에 사로잡힌다. 바로 이 지점에서 투명 메이크업은 단순한 테크닉이 아니라 철학이 된다. 다른 사람이 되려 하지 않고 있는 그대로의 나를 편안하게 인정하고 받아들이는 것, 그리고 아주 조금만 더 나은 모습이 되려 노력하는 것, 이것이 바로 투명 메이크업의 철학이다.

가장 나답고
가장 아름다운
나에 주목하자

고가의 비용을 들여 전문가 손에 메이크업을 맡겼다가 기분
이 상한 경험을 했다는 여성들을 꽤 본다. 메이크업을 마친 후
전혀 다른 사람으로 '변신'해 있는 자신의 모습에 왠지 기분이
나빠지고, 자존심이 상한다는 것이다. 본래 나보다 눈도 커지고,
입술도 도톰해지고, 뺨에 혈색도 도는데 왜 만족스럽지 않은 걸
까? 아마도 '내 얼굴에 그렇게 단점이 많아 보였나' 하는 생각

과 함께 자신만의 매력이 부정당한 듯한 기분이 들어서지 싶다.

한 기자가 이런 질문을 한 적이 있다. "내로라하는 스타들이 정 원장님을 계속 찾는 이유가 뭘까요?" 가만 생각해보니 그들을 존중하는 내 마음이 고스란히 전해져서가 아닐까 싶었다. '고객이 지닌 고유의 아름다움을 지키고 돋보이게 한다'는 나의 철학이 그들에게도 가 닿은 것이리라. 자로 잰 듯 미의 공식에 충실한 얼굴을 만드는 것이 기술적으로 불가능하진 않다. 하지만 그 사람이 가진 고유의 선과 색, 결 등 본연의 느낌을 훼손하면서까지 인위적으로 메이크업하는 것은 그 사람의 얼굴뿐아니라 살아온 시간 전부를 함부로 재단하고 부정하는 것과 같다고 생각한다.

나를 사랑하면 달라지는 것들

정 샘물아트앤아카데미의 커리큘럼 중에 수강생을 대상으로 메이크업 시연을 하는 수업이 있다. 수강생 한 명을 모델로 삼아 얼굴 반쪽에만 메이크업을 한다. 메이크업 전후를 한눈에 비교하기 위해서다. 메이크업이 끝나면 모든 수강생이 정면에서 모델의 양쪽 얼굴, 즉 메이크업 전후를 비교 관찰한 뒤 소감을 발표한다.

이때 가장 많이 나오는 이야기는 '뭔가 달라졌는데 다른 사람이 된 것 같은 드라마틱한 변화는 아니다, 원래의 얼굴이 고스란히 있으면서도 어딘지 모르게 예뻐진 것 같다'는 것이다. 모델 당사자의 소감도 이와 다르지 않다.

"한껏 멋 부린 느낌이나 위화감이 전혀 없어요. 분명 평상시 내 얼굴이 맞는데, 훨씬 생기 있고 예뻐진 느낌이 들어요."

우리 아티스트들의 목표는 메이크업을 통해 고객을 완전히 탈바꿈시키는 데 있지 않다. 전지현, 김태희처럼 변신시키는 게 아니라 '가장 나답고 가장 아름다운 나'를 만드는 것이 목표다. 미켈란젤로가 돌 속에 숨어 있는 형상을 찾아낸다고 말한 것처럼 고객들 안에 이미 존재하는 아름다움을 찾아내 그 빛을 밝혀줄 뿐이다.

정샘물아트앤아카데미의 교육 목표도 이와 궤를 같이한다. 아티스트가 실력을 한껏 발휘한답시고 고객 고유의 선과 결을 훼손시키는 일이 없도록 적정선을 가르친다. 적정선을 넘으면 고객은 '내가 아닌 것 같다'는 불편함과 위화감을 느낀다. 반면 고객의 고유성에 너무 연연하면 메이크업이 뭔가 부족하고 밋밋하다고 느껴질 수 있다. 모든 일이 그렇지만 메이크업 역시 너무 과해서도 부족해서도 안 된다. 메이크업 서비스를 받은 고객이 '나다움을 잃지 않고 예뻐졌다'는 느낌을 받게 하기란 생각보다 쉽지 않다.

그렇다면 '나다움을 잃지 않고 예뻐진다'는 것, '가장 나답고 가장 아름다운 나'란 대체 무엇일까? 우리 얼굴은 주변 환경과 신체 리듬에 따라 미묘하게 달라진다. 격무에 시달리거나 스트레스를 받거나 혹은 미세먼지에 노출되거나 생리 기간이거나, 변비 등 나쁜 습관이 있으면 안색과 눈동자가 탁해진다. 또한 모공, 잡티, 주름살, 홍조 등이 도드라져 보인다.

반면 기쁜 일이 있거나 잠을 푹 자거나 해로운 음식을 피하고 좋은 음식을 챙겨 먹으면, 안색과 눈빛이 맑아지고 피부에 윤기가 돌면서 유난히 아름다워 보인다. 좋은 메이크업이란 우리가 어쩔 수 없이 경험하는 유해한 환경과 좋지 않은 상황에도 불구하고 최상의 컨디션일 때의 내 얼굴을 재현해내는 것이다. 내가 가장 아름답게 느껴지던 순간, 내가 봐도 자신이 참 예뻐 보이던 바로 그 순간으로 데려가는 것이다.

이는 요즘 유행하는 '동안 메이크업'과는 엄연히 다르다. '가장 아름다운 나'를 표현하다 보면 어려 보이는 효과가 나타나긴 하지만 '내가 가장 아름다웠던 순간'이 반드시 젊은 시절을 가리키는 것은 아니다. 현재의 자신을 과거의 자신보다 더 좋아하는 여성도 많다. 나만 해도 20대의 나보다 지금의 내가 더 좋다. 20대 시절보다 주름살과 잡티는 늘었지만, 표정과 인상이 한결 편안해지고 눈빛은 성숙해졌다.

아름다움은 만들어지지 않고
발견된다

전 세계가 K뷰티에 열광하는 요즘, 'K뷰티의 본질'
이 무엇이냐는 질문을 많이 받는다. 나는 K뷰티의 가장 큰 힘은
'아름다움의 근원을 나 자신에서 찾는 것에 있다'고 생각한다.

처음 탕웨이를 만났을 때, 나는 그녀에 대해 아는 게 거의 없
는 상태였다. 매우 유명한 중국 배우라는 사실은 알았지만, 그
녀가 출연한 영화를 본 적도 없고 평소 어떤 메이크업을 하는지
도 몰랐다. 거의 백지 상태에서 선입견 없이 그녀를 마주한 셈
이다. 맨얼굴의 탕웨이는 인상적인 눈빛을 하고 있었다. 약간
오렌지 빛이 도는 브라운색 눈동자가 무척이나 맑고 이지적인
느낌을 주었다. 눈썹, 입매, 콧대 모두가 자연스럽고 아름다웠
다. 그녀의 깨끗하고 우아한 인상을 돋보이게 하기 위해 과도한
메이크업은 피하고, 지적이고 부드러운 눈빛을 잘 살리는 데 주
안점을 두기로 했다.

며칠 후 인터넷에 탕웨이의 이전 메이크업과 내 작업을 비교
하는 글들이 올라오기 시작했다. 나와의 작업을 통해 탕웨이의
미모와 매력이 한결 돋보였다는 긍정적인 반응이 많았다. 나는
이것이야말로 K뷰티의 저력을 잘 보여주는 사례라고 생각한다.
모든 사람의 얼굴에 획일적으로 비슷한 패턴의 메이크업을 하

는 것이 아니라, 타고난 선과 결에 따라 고유의 매력을 가장 돋보이게 하는 것이 바로 K뷰티의 본질이다.

메이크업을 한다고 해서 내가 세상에서 가장 아름다운 사람이 될 수는 없다. 하지만 지금의 나를 '최고의 나'로 만들 수는 있다. 나보다 아름다운 누군가를 선망하고, 그 사람처럼 되려는 것이 아니라 단지 '최고의 나'가 되려는 것. 이것이 바로 K뷰티의 힘이자 나의 메이크업 철학이다.

최선의 나, 최고의 나는 어떻게 만들어지나

20대 초반, 나는 나 자신이 참 싫었다. 내가 처한 환경부터 외모까지 모든 것이 마음에 들지 않았다. 내가 어떤 사람인지, 무얼 바라고 무얼 하고 싶은지 잘 알지도 못하면서 무조건 자신을 싫어했다. 내 모습이 너무도 싫어서 메이크업을 진하게 하고 옷도 야하게 입고 다녔다. 거울에 낯설고 부자연스러운 내 모습이 비치면 그제야 안도했다. 나는 내가 아닌, 완전히 다른 사람이 되고 싶었다.

지금은 내가 어떤 사람인지 잘 안다. 무얼 바라고, 무얼 하고 싶은지 잘 안다. 오랜 시간을 거치면서 나 자신이 누구인지 직시하고, 나를 인정하게 되었다. 고객을 위한 메이크업에는 몇 시간씩도 매달리지만, 정작 내 메이크업은 10분이면 끝난다. 안경을 착용하니 아이 메이크업에 힘줄 이유가 없다. 립스틱도 내게 어울리는 색상을 잘 알고 있으니 고민 없이 그냥 쓱쓱 바른다. 나 말고 다른 사람이 되고 싶다는 생각은 이미 오래전에 사라졌다. 아름답거나 잘나가는 사람을 봐도 초조하거나 불행하지 않다. 그저 나 자신을 편안하게 받아들일 뿐이다. 나는 이런 내가 참 좋다.

정샘물아트앤아카데미 수강생 중 몇몇은 나의 20대를 똑 닮았다. 화려한 메이크업과 의상으로 중무장해 자신을 꽁꽁 가리고 있다. 그들의 메이크업과 패션에는 최신 유행만 있을 뿐 자기 자신이 없다. 메이크업과 패션에 힘을 꽤 주었다는 느낌은 있는데, 왠지 가면을 쓰고 남의 옷을 빌려 입은 것만 같다.

그런데 신기하게도 아카데미 과정이 끝나갈 무렵이 되면 그들에게 극적인 변화가 생긴다. 특별히 꾸민 것 같진 않은데 어딘가 모르게 세련된 분위기를 풍긴다. 특히 메이크업 스타일이 많이 달라져서 자연스럽고 투명하고 청초한 얼굴이 된다. 이런 변화는 메이크업 테크닉이 향상되었기 때문만은 아니다. 아카데미 커리큘럼을 거치면서 자신의 고유성을 찾고 인정하는 법을 알게 되었기 때문이다.

그런데 자신의 퍼스널 컬러를 알고 고유성을 깨달아도 그것을 인정하려 들지 않는 사람들이 있다. 내 눈동자는 왜 오렌지 브라운색이 아닐까, 내 피부는 왜 라이트 톤이 아닐까, 나는 왜 날씬하지 않을까, 나는 왜 똑똑하지 않을까, 내 부모는 왜 금수 저가 아닐까 하면서. 끝도 없는 자기 부정은 내가 아닌 다른 사 람이 되고 싶다는 열망으로 이어진다.

매일 셀럽의 인스타그램을 기웃거리고, '최신 트렌드'라는 다 섯 글자에 스스럼없이 지갑을 연다. 내 피부 톤과 어울리지 않 아도, 내 얼굴형에 맞지 않아도 최신 트렌드라면 무조건 좇는 다. 남의 흉내를 내는 데 급급해 정작 자신에게 무엇이 어울리 고 필요한지는 돌아보지 않는다. 그러니 값비싼 옷을 걸치고 화 려한 화장을 해도 부자연스럽고 위화감이 느껴진다.

그러다가 내가 그랬듯이, 그리고 우리 아카데미 수강생들이 그랬듯이 '남들처럼'이 아니라 '가장 나답게'에 눈을 뜨게 되면 변화가 일어난다. 오렌지브라운색이 아닌 적갈색 눈동자를, 라 이트 톤이 아닌 미디엄 톤 피부를, 날씬하진 않지만 건강한 내 몸을 인정하고 사랑하게 된다.

내가 '세상에서 가장 아름다운 사람'이 될 수는 없다. 하지만 '최고의 나, 최선의 나'는 될 수 있다. 그리고 최고의 나, 최선의 나가 되길 결심하는 순간 내 삶은 누구도 흔들지 못할 만큼 견 고해진다.

자기 사랑에 서툰 이를 위한 장단점 노트

뷰티 살롱은 사람이 많이 모이는 곳이라 말도 많이 모인다. 정신 바짝 차리지 않으면 이러쿵저러쿵 남의 사생활 들추는 재미에 도낏자루 썩는 줄 모른다. 그래서 직원 교육을 할 때마다 내가 늘 강조하는 것은 말조심이다. 고객은 물론이고 동료끼리도 험담, 비하, 이간질 등을 하지 말라고 신신당부한다.

말 옮기기를 좋아하는 사람치고 자기성찰에 능한 사람을 본

적이 없다. 관심사가 온통 남의 일이니 자신에게로 시선을 돌릴
겨를이 없을 수밖에. 물론 남을 향한 관심이 나쁜 것만은 아니
지만, 남에게만 관심이 있으면 곤란하다. 특히 메이크업 아티스
트처럼 고객의 현재 상태와 취향 등을 관찰하고 분석해야 하는
사람은 우선 자신에 대한 분석부터 끝내놓아야 한다. 내가 딛고
선 땅이 단단해야 주변도 둘러볼 수 있는 법이다. 나는 어떤 사
람인지, 나의 장단점은 무엇인지 잘 알아야만 그걸 바탕으로 고
객을 파악하고 신뢰를 얻을 수 있다.

나를 잘 들여다봐야
남도 잘 보인다

　　　　　　　　나는 일란성 쌍둥이로 태어났다. 그런데
10분 먼저 태어난 언니와 타고난 성격이 크게 달랐다. 언니는
전형적인 순둥이였고, 나는 늘 징징대고 불평하는 까다로운 아
이였다. 어린 시절 사진을 보면 웃고 있는 아이는 영락없이 언
니, 찡그리고 있는 아이는 여지없이 나다.

　일란성 쌍둥이인데 성격이 왜 이리 다른 걸까, 왜 언니는 무난
하게 넘기는 일을 나는 유난스럽게 받아들일까… 오랜 고민 끝
에 내가 내린 결론은 '감각이 예민하니까'였다. 감각이 예민하

니까 옷이 조금만 거칠어도 못 입고, 조금만 시끄러워도 못 견디고, 대칭이나 색감이 조금만 안 맞아도 보기 힘들어했던 것이다. 당시는 감각이 예민한 아이를 배려해주는 시대가 아니었다. 어른들 눈에 나는 그저 까다롭고 짜증 많고 잘 우는, 엄마를 힘들게 하는 아이일 뿐이었다.

그랬던 내가 예민한 감각을 지닌 메이크업 아티스트이자 까다로운 기질의 두 딸을 키우는 엄마가 되었다. 하루는 둘째 라엘이와 음료수를 사러 카페에 들어갔다. 바나나 주스가 없어서 오렌지 주스를 샀더니 라엘이가 떼를 부리기 시작했다.

"라엘아, 엄마 말 좀 들어봐. 라엘이는 바나나 주스가 먹고 싶지? 그런데 바나나만 들어간 주스가 없대. 바나나, 키위, 사과가 들어간 주스는 있는데 라엘이는 혼합주스를 싫어하잖아. 한 가지 과일로 만든 주스는 오렌지 주스랑 자몽 주스밖에 없어서 오렌지 주스를 사온 거야."

과연 내 말이 세 살배기에게 통할까 싶었는데, 놀라운 일이 벌어졌다. 내 말을 들은 라엘이가 떼를 멈추고 순순히 오렌지 주스로 손을 뻗은 것이다.

세 살배기도 엄연히 자기 취향과 입맛이 있다. 나는 감각이 예민한 엄마라서 라엘이가 여러 맛이 섞인 혼합주스를 싫어하는 것도, 바나나 주스만을 고집하는 것도 충분히 이해할 수 있다. 이는 내가 스스로를 잘 파악했기에 가능한 일이다. 만일 내가 나의 성격이나 취향을 완전히 이해하지 못한 채 남들이 말하는 대로 나를 '성격 까다로운 사람'으로 규정하고 살았다면, 아마 날 똑 닮아 까다로운 딸을 보면서 짜증을 냈을지도 모른다. 어쩌면 어린 시절의 내가 어른들에게 곧잘 들었던 대로 "넌 애가 왜 이렇게 입맛이 까다롭니? 아무거나 먹으면 좀 좋아?" 하고 야단을 쳤을지도 모른다.

나 자신을 존중하고, 나에 대한 정보를 잘 정리한 사람은 타인에게 잘 공감하고 협조할 수 있다. 그래서 나는 끊임없이 개인에 주목한다. '나'를 이해하지 못한 채로 '우리'를 말할 순 없다. 가정도 지역사회도 국가도 결국은 개인이 만든다. 내가 지금 어떤 감정을 느끼는지, 그 원인이 무엇인지조차 파악하지 못하는 사람이 건강한 가정, 관용 있는 지역사회를 만들 수는 없지 않겠는가.

내가 직원 교육은 물론이고 아카데미 강의와 각종 멘토링 및 강연에서 '우리의 시선은 남이 아니라 늘 자신을 향해 있어야 한다'고 강조하는 이유도 여기에 있다. 이런 말을 하면서 나 역시 마음을 늘 새로이 다잡는다. 자신을 들여다보는 일은 남을 구경하고 평가하는 일보다 외롭고 힘겹기 때문에 끊임없는 다짐이 필요하다. 이렇게 내 시선을 남이 아닌 나 자신에게 붙들어놓기 위해 내가 오래전부터 사용해온 방법이 바로 '장단점 노트 쓰기'다.

나의 자존감을 일으켜 세운
장단점 노트

장단점 노트란 말 그대로 나의 장단점을 객관적으로 쓰되 단점을 극복할 방법도 함께 적는 것이다. 장단점 노트를 처음 쓰기 시작한 것은 열일곱 살 무렵이었다. 학교 수업이 끝나면 곧장 아르바이트를 하러 가야 했기 때문에 친구들과 어울릴 겨를도 여력도 없던 때였다. 그러다 보니 자연스레 혼자 있는 시간을 즐기게 되고 나 자신을 들여다볼 기회도 많아졌다.

당시 나의 최대 화두는 '이 가난하고 초라한 생활을 어떻게 하면 탈출할 수 있을까'였다. 수업료도 못 내는 형편에 내가 좋아하는 일을 찾고 배우기란 꿈도 못 꿀 일이었다. 어른이 되어서까지 이렇게 살게 되면 어쩌나 하는 조바심이 나를 채근했다. 어른이 돼서는 그렇게 살지 않겠다는 절실한 마음으로 끄적거리기 시작한 것이 장단점 노트다.

노트에 쑥쑥 줄을 긋고 왼편에는 나의 단점, 오른편에는 장점을 적기 시작했다. 결과는 참담했다. 단점이 압도적으로 많았고, 장점은 고민에 고민을 거듭해도 두세 개 정도밖에 떠오르질 않았다. 얼굴이 화끈거렸다. 나의 실체가 이 노트에 적나라하게 드러난 기분이었다.

다음 날, 이 장단점 노트가 내 것이 아니라 다른 사람 것이라고 생각하면서 찬찬히 다시 읽어보았다. '이 사람은 아침잠이 정말 많다. 결정을 내리는 데 너무 많은 고민을 한다. 조금만 힘들면 금세 포기한다. 거절을 잘 못 한다. 무기력하다. 지나치게 예민하고 낯을 가린다. 욕심만 많고 원하는 바를 얻기 위한 노력은 하지 않는다. 두려움이 많다. 남과 자신을 끊임없이 비교하면서 열등감을 느낀다. 남들 앞에 자신 있게 내세울 만한 재주가 없다.'

아무리 잘 봐주려 해도 이 노트의 주인공에게 호감을 느낄 수가 없었다. 친해지고 싶거나 일을 맡기고 싶지도 않았다. 내가 이렇게까지 형편없는 사람이었나 하는 생각에 실망이 컸다.

물론 나에게도 장점은 있다. 다행히도 그중 하나가 절망에 빠질 때마다 오기가 생긴다는 점이다. '내 현재가 그렇게 형편없다면 이제부터 달라지면 되잖아? 당장 실천할 수 있는 것부터 차근차근 고쳐가면 언젠가 단점 반, 장점 반인 인간 정도는 될 수 있지 않겠어?' 그렇게 마음을 다잡으며 한 걸음 한 걸음 앞으로 나아갔다. 지금 생각하면 어린 나이에 어떻게 그럴 수 있었나 싶다. 처한 상황이 너무나 절망적이고 절실했기 때문일까. 나는 자신을 변화시키기 위해 정말 치열하게 노력했다. 그리고 한 달에 한 번씩 장단점 노트를 펼쳐 단점 중에 무엇이 개선되었고 무엇이 그대로인지를 확인했다.

장단점 노트가 내게 큰 힘이 되어준 시기는 또 있었다. 고등학교 졸업 후 닥치는 대로 이런저런 아르바이트를 하다가 메이크업 아티스트 일을 막 시작했을 때였다. 연극영화과에 다니는 친구들을 통해 알음알음으로 일거리를 늘려가던 내게 고객 한 사람, 기회 한 번은 정말 목숨처럼 소중했다. 하지만 고객들에게 나는 소중할 이유가 전혀 없었다.

지금이야 내 말에 귀 기울여주고 나를 중요한 인맥으로 여겨주는 사람이 많지만, 당시의 나는 간판도 백도 없이 그저 의욕만 충만한 초짜에 불과했다. 그러니 예약을 잡아놓고 두세 시간을 기다리게 하는 고객은 물론이고, 끝내 나타나지 않는 노쇼 고객도 많았다. 특히 연예인은 더했다.

그럴 때마다 또 오기가 발동했다. '그래, 내가 이들에게 중요한 사람이 되면 되겠지. 내가 영향력 있는 사람이 되면 누구도 나와의 약속을 어기진 못하겠지.' 이런 마음으로 펼쳐 든 것이 바로 장단점 노트였다. 현재 나의 부족한 점은 무엇인지, 어떤 노력을 더 기울여야 할지 써 내려가다 보면 새로운 아이디어도 자연스럽게 떠오르곤 했다.

나의 장단점을 객관적으로 바라보는 일은 나에 대한 신뢰를 회복하고 자존감을 되찾는 과정이기도 했다. 남들은 나를 우습게 알고 소홀히 대할지 몰라도 나만은 안다. 나는 달라지고 있고, 더 나아질 수 있다는 걸. 장단점 노트를 적어가며 이런 희망을 키울 수 없었다면 나는 진작 무너졌을지도 모른다.

가늘고
긴 바늘로
바위를 뚫는
정샘물처럼

'나는 지금 발전하고 있을까? 조금씩이나마 더 괜찮은 사람이 되어가고 있나?'

이를 확인하기 위해 이제껏 써온 장단점 노트를 가끔 펼쳐본다. 다행히 열일곱 살에 바란 대로 지금의 나는 장점과 단점이 반반 정도는 되는 것 같다. 가장 큰 변화는 끈기가 생겼다는 점이다. 예전에는 끈기 없고 쉽게 포기하는 사람이었는데, 지금은 누가 뭐래도 끝까지 버티는 단단한 사람이 되었다. 잘 알고 지내는 헤어디자이너 한 명이 내게 이런 말을 한 적이 있다.

"정샘물, 넌 진짜 징그러운 사람이야. 아주 지독해. 네가 어떤 스타일이냐 하면… 가늘고 긴 바늘로 커다란 바위를 계속 찔러. 처음에는 어림도 없는데, 어느 순간 보면 그 바늘로 진짜 바위를 뚫고 있는 거야. 진짜 대단해."

그 친구 말대로 내가 제일 잘하는 게 '매일, 꾸준히, 집요하리만치 성실하게 하기'다. 메이크업 일을 시작한 1990년대 초반만 해도 나보다 더 재능 있고 뛰어난 친구들이 많았다. 그런데 현재 현장에 남아 있는 사람은 내가 유일하다. 나는 머리가 좋거나 재능이 뛰어난 편이 아니므로 포기하지 않고 버티며 배워야 한다고 자신을 다독이며 살아왔다. 내가 끈기 있게 버티리라는 믿음이 있었기에 유학, 브랜드 론칭, 플래그십 스토어 오픈 등 힘들고 다소 무모해 보이는 일에도 도전할 수 있었다.

매일 꾸준히, 집요하게
포기하지 않기

뭐든 쉽게 포기했던 내가 '끈기의 여왕'이 된 것은 힘든 일에 대한 '발상의 전환'이 가능했기 때문이다. 누군가 내게 "그 일은 성사시키기 힘들지 않겠어? 고생 좀 할 거 같은데?" 하고 말하면 나는 "왜 쉽고 편해야 하는데?" 하고 되묻는다. 메이크업도 대강대강 쉽게 하면 그만큼 쉽게 무너진다. 베이스 작업을 할 때 집요하리만치 성실하게 여러 겹 되풀이해 발라야 메이크업이 오래 지속된다.

세상 모든 일이 이와 같다. 힘들이지 않고 쉽게 가려 하면 그만큼 쉽게 무너진다. 누구도 가지 않은 길을 가고자 한다면, 크고 빛나는 성취를 얻고 싶다면 쉽게 얻길 거부하고 도전과 어려움을 즐길 줄 알아야 한다. 특히 크리에이터나 아티스트가 무언가를 쉽게 얻길 바라는 것은 부끄러운 일이다.

내가 피 말리는 노력으로 고친 단점이 또 있다. 나는 사람들 대하기를 두려워하는 아이였다. 선천적으로는 사람을 좋아하는 성격인데, 아버지의 사업 실패로 집안이 기운 탓이 큰 것 같다. 내 형편이 괜찮았을 때는 웃는 낯이었던 사람들이 사정이 기울자 한순간에 안면을 바꾸는 걸 보면서 사람 대하기가 두렵고 고통스러워졌다. 지금도 나는 사람들 대하는 게 힘들고, 낯도 많이 가린다. 만일 내가 순수미술을 하는 아티스트였다면 이런 성격이 그다지 큰 문제는 아니었을 것이다.

한번은 우연한 기회에 일종의 성격 진단 테스트인 '버크만 진단'이라는 걸 하게 됐다. 사회성이 거의 없는, 다른 사람과의 왕래 없이 작업실에서 혼자 일해야 하는 고독한 아티스트 타입이라는 결과가 나왔다. 하지만 나는 다양한 고객을 상대하고, 촬영 현장에서 사람들과 부대끼고, 심지어 몇 백 명 앞에서 강연을 해야 한다. 낯가리는 성격이랍시고 도망칠 수가 없는 직업이다. 성격을 고칠 수는 없어도 최소한 감출 수는 있어야 한다.

그러려면 준비를 철저하게 하는 수밖에 없다. 고객을 대할 때는 사전에 최대한 많은 정보를 얻고 익혀서 작업 과정을 부드럽게 이끌 방법을 연구했다. 촬영이나 강연을 할 때는 어떤 돌발 상황이 생겨도 당황하지 않도록 많은 시간을 들여 철저하게 준비했다. 상황별로 해야 할 말을 대본으로 준비해서 밤새 거울을 보며 연습한 일도 있다. 이런 노력이 효과가 있었는지 요즘은 "저는 사실 되게 낯가리는 성격이에요." 하고 털어놓아도 사람들이 믿질 않는다.

물론 모든 단점을 완벽하게 고친 것은 아니다. 열일곱 살에 처음으로 장단점 노트를 쓴 이래 지금까지 고치지 못한 단점도 꽤 있다. 게다가 전에 없던 새로운 단점을 발견하기도 한다. 하지만 내 장점이 뭔가. 나는 포기하지도, 쉽게 가지도 않는 사람이다. '30년 넘게 못 고치면 영원히 못 고치는 거야', '내 나이도 이제 쉰인데, 좀 쉽게 가도 되지 않나?' 하는 생각은 애초에 하지 않는다.

지금도 나는 정기적으로 장단점 노트를 펼쳐서 내가 어떤 사람인지 살핀다. 고질적으로 고쳐지지 않는 단점은 매일 밤 반성하고 개선점을 고민한다. '이렇게까지 하는데 왜 변화가 없을까' 하고 절망할 때도 많지만, 나 자신을 믿는다. 나는 가늘고 긴 바늘로 커다란 바위를 뚫는 사람이니까. 내 장점을 믿고 뚜벅뚜벅, 굳이 어려운 길을 걸으려는 사람이니까.

울퉁불퉁한 인생길에서
균형을 잡으려면

학창 시절, 공부를 잘하는 학생은 아니었다. 공부를 잘할 환경이 못 되기도 했다. 학교 수업을 마치자마자 아르바이트를 하러 달려가야 했고, 빚쟁이들이 툭하면 집 대문을 두드리고 전화를 걸어댔다. 성적은 둘째고 졸업이라도 무사히 하길 바라야 하는 처지였다.

그래도 공부 잘하는 친구들이 부럽긴 했다. 소녀 가장처럼 성실하게 살아도, 제아무리 그림을 잘 그려도 내게 관심을 보이는 선생님은 없었다. 오로지 공부 잘하는 아이들만 선생님께 칭찬을 받고 귀여움을 받았다. 선생님들 눈에는 공부 잘하는 몇몇 아이들만 보이는 것 같았다.

무려 30년도 더 된 이야기지만, 지금이라고 크게 다를까 싶다. 기본적으로 학교생활이란 성적순으로 줄을 세우게 마련이라 모든 아이의 개성이 존중받진 못한다. 운동을 잘하거나 말을 잘하거나 성실하거나 마음씨가 고운 아이들도 공부를 못하면 주목받지 못하고 성취감도 얻지 못한다. 아이들은 이렇게 자존감이 떨어진 채로 학교를 졸업하고 사회로 나와 성인이 된다.

특히 사회 초년생들에게 장단점 노트를 쓰라고 권하는 이유가 여기에 있다. 끊임없이 다른 친구와 비교당하며 학창시절을 보냈다면 이제는 자신을 깊은 시선으로 들여다볼 때다. 내가 우리 아카데미 수강생들에게 늘 하는 말이 있다.

"경쟁과 비교는 주변 사람이 아닌, 나 자신과 하는 거예요. 주변 사람들을 경쟁자로 보지 마세요. 경쟁도 어느 정도 실력이 갖춰져야 하는 거지, 지금은 나 자신을 이기고 극복하는 게 먼저예요."

내 자존감과 경쟁력을 갉아먹는 것은 나보다 월등히 뛰어난 남이 아니라 바로 나 자신이다. 나의 단점을 뼈저린 노력으로 고치겠다고 마음먹고, 조금씩 변화된 모습을 보이면 아마 가장 가까운 사람들부터 나를 달리 보기 시작할 것이다. 나를 잘 파악하지 못한 사람들에게 칭찬받는 것은 중요하지 않다. 우선은 나를 가장 잘 아는 부모와 형제자매, 친구들, 주변 지인들 즉 '안에서' 좋은 평가를 받는 것이 진짜다.

이런 인정과 긍정적인 평가가 필요한 이유는 학창시절 얻지 못한 자존감을 회복시켜주기 때문이다. 다른 연령대도 마찬가지지만, 특히나 20대는 본인의 가치에 의미를 부여하고 자신감을 찾는 것만으로도 크게 변화할 수 있는 시기다. 따라서 자신의 장단점을 잘 파악하고 이를 통해 자신을 긍정적으로 바라볼 수 있어야 한다. 그래야 40~50대를 거쳐 100세 시대를 달릴, 꺼지지 않는 연료를 얻을 수 있다.

세상에서 가장 안정적인 도형은 삼각형이라고 한다. 다리가 셋이면 아무리 바닥이 울퉁불퉁해도 모든 다리가 땅에 닿기 때문에 다리가 넷일 때보다 한결 안정적으로 서 있을 수 있다. 그래서 카메라를 고정할 때 쓰는 삼각대도, 음식을 끓이거나 구울 때 불 위에 올리는 삼발이도 모두 다리가 넷이 아니라 셋이다.

우리에게도 인생을 단단히 받쳐줄 삼각대가 필요하다. 장단점 노트는 내가 앞서 소개한 스크랩북, 인생 로드맵과 더불어 내 삶을 단단하게 꾸리기 위한 세 가지 핵심 요소이자 '인생의 삼각대'다. 이 삼각대를 안정적으로 뻗으면 아무리 울퉁불퉁한 땅 위에 서 있어도 균형을 잃지 않는다. 스크랩북을 만들면서 내가 지향하는 삶을 파악하고, 인생 로드맵을 통해 내가 꿈꾸는 삶으로 가는 길을 가늠할 수 있다. 그리고 장단점 노트를 통해 나의 현재를 객관적으로 분석함으로써 나를 변화시키고, 꿈에 한 발자국 더 가까워질 구체적인 실천 방법을 모색할 수 있다.

열일곱 살의 내가 그랬듯이 무언가를 간절하게 바란다면, 정말로 변화하고 싶다면 이 '인생 삼각대'를 길게 뻗어보자. 살다가 울퉁불퉁 거친 땅을 만날 때마다 스크랩북으로 꿈을 모으고, 인생 로드맵으로 꿈을 새기고, 장단점 노트로 나를 변화시키며 균형을 잡아보자. 그러다 보면 언젠가 자신이 더 좋은 사람이 되었음을, 적어도 장점과 단점이 반반씩은 되는 사람이 되었음을 깨달을 때가 올 것이다. 그리고 이 모든 것은 나에 대한 믿음에 기인한다. 나는 오늘도 나를 믿는다.

나의 장단점
파악하기

LIFE MAKE-UP

나에게는 이런 장점이 있다.

1

2

3

4

5

100

나에게는 이런 단점이 있지만, 이렇게 노력해 개선하겠다.

1 .... → ....

2 .... → ....

3 .... → ....

4 .... → ....

5 .... → ....

역경을 바라보는 관점부터 바꿔야 한다.
그것은 피하거나 넘어서야 하는 장애물이 아니라
그 자체로 나의 자아를 깨우고
능력을 북돋는 신의 선물이다.

에이미 멀린스(육상선수, 모델)

웃는 얼굴로
기꺼이 위기를 맞을 때
열리는
기회의 문

내가 메이크업 아티스트로 일하기 시작한 건 1991년, 스물두 살 때였다. 당시만 해도 메이크업 아티스트는 연예인들 따라 다니며 화장 고쳐주는 일을 하는 사람이었다. 말이 좋아 프리랜서지 고단하고 가난한 직업이었다. 일하러 나간 자리에서 세 시간을 기다린 적도 있고, 기껏 몸이 부서져라 일하고는 일당을 떼인 적도 있다.

그나마 형편이 좀 나아진 건 여성 듀오 코코와 일하면서부터였다. 무엇보다 윤현숙과 인연을 맺은 것이 가장 감사한 일이다. 초짜 메이크업 아티스트인 내게 그녀는 늘 든든한 지원군이었다. 당시 실질적인 '소녀 가장'이었던 나를 위로하고 다독여준 사람도, 재료를 사지 못해 쩔쩔맬 때 소속사 대표에게 진행비를 받아 건네준 사람도 그녀였다.

그즈음 미스코리아 출신 배우 이승연의 매니저에게서 연락이 왔다. 당시 이승연은 가장 유망한 라이징 스타이자 어떤 아이템이든 걸치기만 하면 유행시키는 패셔니스타였다. 그러니 내게는 이 기회가 두 번 다시 오지 않을, 하늘이 내려주신 동아줄과도 같았다.

햇병아리 아티스트에게
날개를 달아준 스크랩북

실제로 본 이승연의 얼굴은 화면에서 보던 것보다 더 이지적이고 서구적이었다. 이런 아름다운 얼굴을 캔버스 삼아 메이크업을 한다는 건 아티스트에게는 더할 나위 없는 행운이다. 그녀가 드라마 〈사랑을 그대 품안에〉를 찍는 동안 나도 정말 신나게 펄펄 날아다니면서 일했다.

하지만 갑작스레 찾아온 행운은 오래 가지 않았다. 드라마가 끝나자 나는 백수 아닌 백수가 되었다. 이승연이 다음 드라마 촬영까지 휴식기를 갖겠다고 했기 때문이다. 그렇게 한두 달이 흐르자 슬금슬금 불안감이 싹트기 시작했다. 가족의 생계를 혼자서 떠안고 있던 터라 한 달이라도 돈을 벌지 못하면 곤란한 상황이었다.

드라마 한 편 했다고 누가 덥석 일감을 주는 것도 아니니 별수 없이 이승연의 매니저에게서 연락이 오기만을 기다리고 있어야 했다. 그런데 우연히 쇼 프로그램 〈토요일 토요일은 즐거워〉에서 낯익은 얼굴을 발견했다. 이승연이었다. 처음에는 멍했다가 금세 정신이 번쩍 들었다. '저 메이크업은 누가 한 거지? 나도 모르는 새 내가 잘렸던 거야?'

눈앞이 캄캄했다. 대체 나를 왜 해고했는지 궁금해할 여유조차 없었다. 내가 일을 못 하면 우리 식구들은 어쩌나 더럭 겁부터 났다. 내 역량을 다 펼치지도 못했는데 기회가 사라져 허망하기도 하고, 자존심도 상했다.

더는 물러설 데가 없다는 생각에 부리나케 청계천으로 달려가 고서적과 잡지들을 사서는 스크랩북을 만들기 시작했다. 당시 경쟁자로 꼽히던 여배우들과 이승연을 비교 분석하고, 이승연만의 매력을 돋보이게 할 전략을 제안하는 일종의 보고서 성격의 스타일북을 만든 것이다.

정신을 차려보니 나는 MBC 〈토요일 토요일은 즐거워〉 분장실에 가 있었다. 의자에 앉아 와들와들 떨면서 녹화가 끝나길 기다렸다. 심장은 당장이라도 튀어나올 것처럼 세차게 뛰었고, 식은땀이 흘러 손발은 얼음장 같았다. 그렇게 네 시간 가량을 기다리자 마침내 녹화를 끝낸 이승연이 분장실로 들어왔다.

"네가 여긴 웬일이니?"

그녀는 깜짝 놀라 내게 물었다. 그녀를 만난 순간 목이 메어 아무 말도 할 수가 없었다. 간신히 고개만 숙여 인사하고는 불쑥 스크랩북을 내밀었다. 그녀는 의아한 얼굴로 스크랩북을 받더니 탁자 위에 그대로 올려두고는 거울 앞에서 머리를 매만지기 시작했다.

그 몇 초가 마치 몇 년처럼 느껴졌다. '그냥 도망쳐버릴까? 아니야, 이왕 이렇게 된 거 더 버텨야 하지 않을까?' 머릿속에 수천 수만 가지 생각이 오락가락하는데, 이승연이 탁자로 돌아와 스크랩북을 펼쳐 들었다. 내 얼굴 한 번 보고 스크랩북을 한 장 넘기고, 또 내 얼굴 한 번 보고 스크랩북을 한 장 넘기고…. 마침내 그녀가 자리에서 벌떡 일어섰다. 그러더니 손으로 내 팔꿈치를 가볍게 치며 말했다.

"너도 참 대단하다. 그래, 가자. 우리 집에 같이 가."

그날부터 나는 이승연의 전속 아티스트가 되었다.

열일곱 아르바이트생,
스타 메이크업 아티스트가 되다

이후로는 그야말로 탄탄대로를 걸으며 뻗어나갔다. 드라마든 광고든 이승연의 헤어, 메이크업, 스타일을 내가 전적으로 책임졌다. 그러다 1995년 드라마 〈거미〉에서 선보인 이승연의 메이크업이 폭발적인 인기를 끌면서 전성기가 찾아왔다. 거리에는 이승연처럼 입술 윤곽선을 그린 여성들이 넘쳐났고, 내가 사용한 메이크업 제품은 연일 품절을 기록했다.

그때부터 일거리가 파도처럼 밀려들었다. 러브콜 1순위 아티스트가 된 것이다. 월수입이 470만 원으로 껑충 뛰더니, 다음 달에는 700만 원 선을 찍었다. 이승연의 소개로 당대 최고의 여배우 김희선, 고소영, 김지호 등과 일하기 시작했다. 이승연은 자신의 스태프도 최고 대우를 받아야 한다고 생각하는 사람이었다. 나를 다른 사람에게 소개할 때마다 '정샘물은 진짜 잘하니까 대우도 최고로 해줘야 한다'고 신신당부했다.

그즈음부터 인터뷰 요청이 쇄도했다. 메이크업 아티스트로서 언론의 주목을 받은 건 내가 처음이었다. 기자들이 내 이름 앞에 '스타 메이크업 아티스트'라는 수식어를 붙이기 시작했다. "당신 해고야."라는 말 한마디 듣지 못한 채 부지불식간에 백수가 된 내게 어떻게 2년 만에 이런 기적 같은 일이 일어날 수 있었을까? 그것은 남다른 노력과 대담한 도전이 가져다 준 선물이었다.

첫째, 나를 증명할 사람은 나 자신뿐이라는 절박함으로 매순간 철저하게 준비하고 연구했다. 이승연과 〈사랑을 그대 품안에〉를 찍을 때만 해도 나는 경력도 실력도 없는 햇병아리 아티스트였다. 스크랩북을 들고 이승연을 찾아가 다시 일자리를 잡는 데는 성공했지만, 실력을 키워 자신을 증명하지 않았다면 그 후에도 행운의 여신이 줄곧 내게 미소를 지어주었을지는 장담할 수 없다.

나는 어떤 작업이든 콘셉트 단계에서 철저하게 조사하고 연구해 스크랩북을 만들었다. 촬영 현장에서도 어떻게 하면 배우의 매력을 자연스럽게 돋보이게 할지 연구에 연구를 거듭했다. 파우더 하나, 립스틱 하나도 그냥 바르는 법이 없었다. 여러 제품을 섞어 다양하게 조색하면서 배우에게 가장 어울릴 색상을 뽑아냈다.

둘째, 다른 메이크업 아티스트를 관찰해 그들과 반대 전략을 세웠다. 당시 다른 배우들의 스타일리스트, 헤어디자이너, 메이크업 아티스트들은 대개 짙은 화장에 아찔한 스틸레토 힐을 신은 모습이 마치 연예인 같았다. 나름 자신의 감각을 뽐내자는 전략이었겠지만, 내 생각은 달랐다. 빛날 사람은 내가 아니라 내가 스타일링할 배우다. 게다가 그런 차림으로는 예상치 못한 일이 넘쳐나는 촬영 현장에서 기민하게 대응하기 어려웠다.

나는 늘 화장기 없는 얼굴에 운동화와 청바지, 맨투맨 차림으로 현장에 갔다. 가볍고 기동력 있어 보이되, 깔끔하고 단정한 인상을 주는 것도 잊지 않았다.

당시 나는 메이크업뿐 아니라 헤어와 스타일링까지 1인 3역을 하고 있었기 때문에 이승연과 함께 촬영장에서 거의 살다시피 했다. 그녀가 촬영을 끝낸 뒤에도 나는 다음 날 촬영 준비로 여기저기 뛰어다녀야 했다. 그러다 보니 우아하게 멋을 부리려야 부릴 수도 없었다.

촬영 현장은 시간에 쫓기게 마련이라 늘 일손이 부족했다. 다른 메이크업 아티스트들은 내 할 일만 하면 끝이라는 듯 팔짱 끼고 앉아 있었지만, 나는 달랐다. 내 배우가 촬영을 원활하게 하는 데 도움이 되는 일이라면 무엇이 됐든 달려가 일손을 보탰다. 지금 생각하면 1인 3역이 아니라 1인 5역, 6역 정도는 했던 것 같다.

드라마 촬영도 결국 사람이 하는 일이라, 자기 전문성만 고집하고 다른 일은 나 몰라라 하는 사람보다는 나처럼 여기저기 뛰어다니며 도우려고 애쓰는 사람을 더 선호했다. 어느새 나는 촬영장에서 '없으면 아쉬운 사람'을 넘어 '없으면 절대로 안 되는 사람'이 되어 있었다.

역경은 장애물이 아닌,
아직 받아들이지 않은 기회다

나는 위기를 성장의 기회로 삼았다. 이것이 바로 내가 스타 메이크업 아티스트가 될 수 있었던 세 번째 이유이자 내게는 가장 중요한 마음가짐이다.

수백 명의 청중 앞에서 강의도 하고, TV 출연도 하지만 사실 나는 내성적이고 수줍음이 많은 성격이다. 그런데도 스크랩북을 만들어 이승연에게 달려갈 용기를 낼 수 있었던 건 내가 중대한 갈림길 앞에 섰다는 사실을 직감했기 때문이다. 닫힌 문 앞에 주저앉을 것인가, 또 다른 문을 찾아 노크할 것인가. 그때 위기를 성장할 기회로 삼지 못했다면 아마 오늘날의 정샘물은 없었을지도 모른다.

그런 경험 때문일까. 나는 역경을 또 다른 기회로 만든 사람들을 존경하고 사랑한다. 에이미 멀린스(Aimee Mullins)도 그런 사람 중 한 명이다. 태어날 때부터 양쪽 다리의 종아리뼈가 없었던 에이미는 의족을 신은 채 모델과 영화배우로 왕성하게 활동하고 있다. 1996년에는 애틀랜타 장애인 올림픽에 미국 국가대표로 출전해 100미터, 200미터 단거리 육상 대회와 멀리뛰기에서 세계 신기록을 경신했다.

그녀가 태어났을 때 의사는 "이 아이는 절대로 걷지도, 운동하지도 못할 것이고, 타인의 도움 없이는 살지도 못할 겁니다." 라고 예단했다. 하지만 에이미의 할머니는 그녀에게 다른 말을 들려주었다. "에이미, 홍수가 나면 손을 높이 들려무나. 그리고 머리 위에 있는 무언가를 힘껏 움켜잡아."

에이미는 할머니의 말씀을 잊지 않고 늘 새로운 기회를 움켜잡으며 살았다. 의사의 호언장담이 무색하게도 의족을 낀 두 다리로 국가대표가 되어 트랙 위를 달렸고, 세계적인 모델이 되어 런웨이를 걸었다.

에이미 멀린스는 TED 강연 '역경의 기회'에서 인상적인 이야기를 들려준다. 사람들은 그녀와 역경을 주제로 이야기를 나누고 싶어 하는데, 그녀는 그것이 불편하다고 한다. 그녀에게 역경이란 극복하거나 피해야 할 장애물이 아니라 마주하고 맞아야 할 삶의 일부이자 그림자이기 때문이다. 그녀는 이렇게 말한다. "역경은 우리가 아직 받아들이지 않은 변화에 불과해요. 역경을 극복하려 하지 말고, 마음의 문을 열고 기꺼이 함께 춤추듯 즐기세요."

〈토요일 토요일은 즐거워〉에 출연한 이승연을 봤을 때, 황망하고 당황스러운 마음만 있었던 건 아니다. 이상하게 들릴 수도 있는데, 사실 한편으로 다행이라는 생각도 들었다. 에이미 멀린스의 말대로 나는 그 위기를 마주했고 반갑게 맞았다. 아무 생각 없이 상황이 돌아가는 대로 휩쓸리며 그저 일이 끊이지 않기만을 바랐던 과거의 자신과 영영 이별할 기회, 낡고 오래된 문 앞을 떠나 마침내 새로운 문을 열 기회, 내가 한 단계 더 발전할 기회가 왔다는 느낌 때문이었다.

망치질 없이 만들어지는 명검은 없다. 그렇다면 명검의 입장에서 망치질은 역경일까, 기회일까. 나는 가난했고, 고등학생 때부터 일을 해야 했으며, 원하던 미대에 다니는 대신 가족을 부양하기 위해 무거운 메이크업 가방을 끌고 전국 방방곡곡의 촬영장을 누비며 다녀야 했다. 하지만 돌아보면 내게 일어난 이 모든 일은 역경이 아니라 기회였다. 오늘날 내가 누리고 있는 이 소중하고 귀한 삶을 꾸리고 만들 기회.

누구에게나 역경은 찾아온다. 그리고 역경을 어떻게 받아들이느냐에 따라 삶이 달라진다. 역경과 싸워 이기려는 사람은 좌절하거나 상처 입는다. 그러니 기꺼이 받아들이고 즐기고 춤추자. 그러다 보면 다음 춤곡에서 역경이 아닌 기회의 손을 잡고 춤추고 있는 자신을 발견할 것이다.

CHAPTER 3

자존감 높이기

: 인생 로드맵에서 지름길을 찾는 방법

나를
믿는 순간
꿈은
확신이 된다

"유학? 말도 안 돼. 이런 상황에서 내가 어떻게 유학을 가?"

"왜 말이 안 돼? 내가 보기엔 못 갈 이유가 전혀 없는데?"

남편이 처음 유학 이야기를 꺼냈을 때만 해도 나는 농담으로 받아들였다. 2006년 당시는 내 커리어의 정점을 찍는 시기였다. 새벽부터 늦은 밤까지 메이크업 예약이 빠듯하게 잡힌 와중에 틈틈이 CF와 드라마 작업을 소화했다. 주말은 신부 메이크업 예약으로 평일보다 더 바빴다. 마지막 고객을 배웅하고서야 겨우 물 한 모금 마실 짬이 나는, 그야말로 몸이 열 개라도 모자랄 나날이었다. 그런데 이런 상황에 나더러 유학을 가라니 말도 안 되는 소리였다.

물론 남편이 내게 유학을 권한 데는 그럴 만한 이유가 있었다. 당시 내 건강 상태가 말이 아니었다. 브러시를 들 때마다 팔이 떨어져나갈 듯이 아팠고, 척추측만증이 갈수록 심해졌다. 목덜미 피부가 딱딱하게 굳는가 싶더니 혹처럼 튀어나오기 시작했다. 10년 넘게 같은 근육을 반복해서 쓰다 보니 생긴 직업병이었다.

가장 심각한 것은 수시로 오는 반신마비였다. 왼쪽 팔다리를 움직일 수가 없어 새벽에 응급실에 실려간 적이 여러 번이었다. 일을 줄이고 쉬는 게 최선이었지만 눈앞에 산더미처럼 쌓인 일거리를 두고 나 몰라라 할 수가 없었다.

20년을 돌고 돌아
마침내 나의 길을 찾다

그러던 차에 해외 출장이 잡혔다. 프랑스 프로방스에서 송혜교와 이니스프리 광고를 찍고, 곧바로 샌프란시스코로 날아가 전지현, 이효리와 함께 애니콜 광고를 촬영하는 일정이었다.

살인적인 스케줄을 끝낸 이튿날 아침, 도저히 눈이 떠지질 않았다. 10년 넘게 혹사당한 몸이 꼼짝도 못 하겠다며 아우성치고 있었다. 천근만근 무거운 눈꺼풀을 간신히 들어 올리고는 남편에게 전화를 걸었다. 비행기 탈 기운도 없으니 여기서 딱 3일만 쉬었다 가겠다고. 남편은 흔쾌히 그러라고 했다. 아무 걱정하지 말고 푹 쉬면서 재충전하고 오라는 말도 덧붙였다. 그 말이 마법의 주문이었을까. 나는 전화를 끊자마자 깊고 깊은 잠에 빠져들었다.

그렇게 꼬박 만 하루를 자고 일어났다. 달콤했던 숙면 덕분에 간만에 몸이 깃털같이 가벼웠다. 그런데 휴대폰을 확인하니 프로방스에서 같이 작업한 포토그래퍼로부터 여러 통의 문자가 와 있었다. 그제야 그에게 사람을 소개받아 만나기로 한 사실이 떠올랐다.

그는 샌프란시스코 AAU(Academy of Art University) 출신인데, 나의 다음 촬영지가 샌프란시스코라는 걸 알고는 AAU 교수로 재직 중인 한국인 부부를 만나보라며 연락처를 알려주었다. 그런데 내가 호텔 방에서 정신없이 자느라 그들 부부에게 연락하지 못하자 혹시 무슨 일이 생긴 건 아닌지 걱정되어 문자를 여러 통 보낸 것이었다.

정신을 차리고 호텔을 나섰다. 샌프란시스코의 모든 거리가 내겐 천국과도 같았다. 굵직굵직한 전시가 열리는 대형 미술관부터 신진 작가들의 작품을 내건 작은 갤러리까지 다양한 예술 공간이 자리하고 있었고, 일반인끼리 그림을 사고파는 작은 시장도 있었다.

어딜 가든 거리에서 예술가들을 쉽게 볼 수 있었다. 특히 그라피티 아티스트들의 역동적인 모습이 인상적이었다. 벽에 가득한 생동감 넘치는 그라피티 아트를 보니 내가 정말로 샌프란시스코에 와 있다는 걸 실감할 수 있었다. 상점의 간판 하나에서도 예술적 감수성이 엿보였다. 그곳에서는 예술이 접근하기 어려운 고급문화가 아니라 그저 일상이었다. 눈길 닿고 발걸음 머무는 모든 곳에 예술, 또 예술이 있었다.

거리마다 AAU 로고가 심심찮게 눈에 띄었다. 대학 건물이 샌프란시스코 곳곳에 흩어져 있어 도시 전체가 캠퍼스라 해도 과언이 아니었다. 포토그래퍼가 소개한 교수 부부를 만나 AAU 곳곳을 돌아보는 동안 내 가슴은 쿵쾅쿵쾅 뛰었다. 오랫동안 묻어둔 순수미술을 향한 열망이 다시 꿈틀대는 걸 느꼈다. 이런 곳에서 몇 년, 아니 단 1년이라도 공부할 수 있다면 얼마나 좋을까. 교정을 누비며 그림을 그리는 내 모습을 상상하는 것만으로도 가슴이 뜨거워지고 행복해졌다.

서른일곱,
화가의 꿈에 날개를 달다

샌프란시스코에서 꿈처럼 달콤한 사흘을 보내고 서울로 돌아오자 남편이 내 얼굴을 한참 들여다보았다. 세심하고 관찰력이 뛰어난 사람이 변화를 못 알아챌리 없었다.

"왜 이렇게 달라졌지, 사람이?"

파김치 상태로 출국했던 내가 며칠 만에 완전히 딴사람이 되어 돌아왔다고 했다. 나는 샌프란시스코에서 있었던 일을 신이 나서 남편에게 들려주었다. 샌프란시스코의 예술적인 거리, AAU를 탐방하며 느낀 설렘, 언젠가 AAU에서 공부하고 싶다는 바람까지…. 남편은 내 말을 가만히 듣고 있더니 불쑥 말했다.

"그럼 지금 가."

처음에는 농담인가 했는데 남편의 얼굴은 진지했다. 나중에 듣기로, 그 순간 남편은 '아, 지금이 그때인가'라는 생각이 확 들었다고 했다. 결혼 초부터 남편은, 사업이 자리를 잡으면 유학 가라는 말을 종종 했다. 한번은 남편이 연세대학교 행정실에서 근무하는 분과 명함을 주고받았는데, 그분이 남편 직함에 '정샘물뷰티 대표이사'라고 적힌 걸 보더니 "아, 정샘물 씨가 고등학생 때 연대에서 아르바이트를 하셨다죠?" 하더란다.

"그 시절 정샘물 씨를 기억하고 칭찬하는 분들이 꽤 있습니다. 참 영리하고 부지런한 학생이었다고요. 이렇게 잘될 줄 진작부터 알아봤다고들 하더라고요."

그분 말씀에 남편은 고개 숙여 감사를 전했지만, 속으로는 가슴이 찢어지는 것 같았다고 했다. 어린 내가 부지런하다는 칭찬을 듣기까지 그 넓은 교정을 얼마나 종종거리며 뛰어다녔을까, 그렇게 뛰어다니면서 대학생들을 얼마나 부러운 눈으로 바라봤을까, 그런 생각에 마음이 아팠다고 한다. 이런 이유로 남편은 AAU에서 공부하고 싶다는 내 말을 흘려듣지 않았고, 드디어 때가 왔다는 생각을 했던 모양이다.

"숍이며 아카데미며 당신 없으면 큰일 날 것 같지? 그거 착각이야. 당신 제자들이 빈자리 충분히 메꿀 수 있어. 그동안 우리가 시스템 잘 만들어놨잖아. 당신 없이도 충분히 잘 굴러가. 그러니까 공부하고 싶으면 가도 돼. 지금이 기회야."

처음에는 유학이라니 무슨 말도 안 되는 소리인가 싶었는데, 남편 말을 듣고 보니 불가능한 일은 아니라는 생각이 들었다. 가만 따져보면 당시는 내 전성기인 동시에 슬럼프 시기였다. 많은 사람이 나와 일하고 싶어 했고 나 역시 즐겁고 행복하게 일했지만, 한편으로는 내 안의 무언가가 서서히 고갈되어간다는 느낌을 지울 수 없었다. 내 말 한마디의 영향력이 커지는 만큼 불안하고 무서워지기도 했다.

나는 늘 아티스트로서 예술적 감각을 날카롭게 유지하며 살고 싶은데, '선생님'이나 '원장님'으로 불리는 데 익숙해져 쉽게 안주하면 어쩌나, 언젠가 내 감각이 둔해졌을 때 아무도 그 사실을 말해주지 않으면 어쩌나 두려웠다. 이대로 한 달에 하루도 쉬지 못하는 강행군을 지속한다면 건강은 물론이고 아티스트로서의 정체성에도 위기가 올 수 있었다.

'남편 말대로 지금이 기회일지도 몰라. 언젠가, 언젠가 하면서 자꾸 미루다간 끝내 기회를 놓칠 수도 있어.' 남편의 격려에 용기를 얻은 나는 마침내 오랜 꿈을 향한 첫발을 내딛기로 했다.

내가 마음을 굳히자 행동파인 남편이 곧바로 준비에 돌입했다. 뉴욕에 사는 남편 지인의 도움으로 샌프란시스코에 꽤 큰 집을 한 채 얻었다. 유학하는 동안 일본 화장품 회사와 협업해 새로운 브랜드를 만들 계획이었기 때문에 단순한 거주지가 아니라 사업과 연구에 적합한 공간이 필요했다. 현지 적응과 영어 공부 등을 도와줄 어시스턴트도 구했다.

유학을 결심하고부터 준비를 마치기까지 걸린 시간은 단 20일. 하지만 화가를 꿈꾸던 순간부터 그 첫걸음을 떼기까지 걸린 시간은 20년이었다. 인생 로드맵 위에 찍은 '화가'라는 두 글자가 이제 나의 새로운 역사가 되려 하고 있었다. 오랜 시간을 돌고 돌아 결국 길을 찾았다. 아니, 나의 길로 돌아왔다고 해야 옳다. 그렇게 서른일곱 살의 나는 샌프란시스코로 날아갔다.

> 어떤 일이든 시작은 위험하지만
> 어떤 일이든 시작하지 않으면
> 아무것도 시작되지 않는다.
>
> 프리드리히 니체(철학자)

도전할 때마다
인생의 장면은
새로워진다

꿈에 그리던 유학 생활이 시작되었다. 샌프란시스코에서 보내는 모든 순간이 내게는 신선한 자극이었다. 시각예술을 표현하는 데 얼마나 다양한 도구와 재료가 쓰이는지, 얼마나 자유로운 상상력이 동원되는지 여실히 배우고 느끼고 깨달았다.

늦깎이 유학생이라 걱정도 많았지만 나는 예상보다 훨씬 잘해냈다. 막상 순수미술을 공부해보니 메이크업과의 차이는 평면에 그리느냐, 입체에 그리느냐 하는 정도였다. 얼굴이라는 입체 캔버스가 익숙한 내게는 평면 캔버스 작업이 어렵지 않았다.

1, 2학년 기본 과목 중에 거장의 작품을 그대로 따라 그려보는 '마스터 카피'(master copy)라는 수업이 있다. 중고등학생 때 심심하면 엄마 책장에 있던 화집을 꺼내 그림을 따라 그리곤 했는데, 알고 보니 마스터 카피 수업을 선행한 셈이었다. 이런 경험 덕분인지 수업을 쉽게 따라갈 수 있었다. 배운 대로 충실히 그렸을 뿐인데 천재 소리를 들었다. 교수님들은 순수미술을 처음 한다는 내 말을 믿지 못했다.

내 인생에서 가장 찬란했던
4년 6개월

첫 학기 '스프링 쇼'(spring show)에 미국의 비행사 찰스 린드버그(Charles Lindbergh)를 그린 목탄화를 출품해 상을 받았다. 장학생 선발 기준이 까다롭기로 유명한 AAU에서 장학금도 받았다. 실기뿐 아니라 이론도 그럭저럭 잘 따라가서 해부학 수업에서는 최고 성적을 받기도 했다. 얼굴 골격과 근육의 해부학적 원리가 메이크업을 하며 경험적으로 터득한 사실과 상당 부분 일치하여 무척 흥미로웠다.

제 버릇 남 못 준다고, 유학을 가서도 한국에서처럼 치열하게 살았다. 학점 관리가 필요하지 않았기 때문에 듣고 싶은 수업은 무조건 다 찾아 들었다. 메이크업과 관련 있거나 평소 관심 있던 분야라면 학점 인정이 안 되는 수업이라도 마다하지 않았다. 그림을 그리느라 밤을 꼬박 지새우는 날도 많았다. 1분 1초가 아깝고 소중했다. 이곳에서 배우고 경험한 모든 것을 단 하나도 허투루 넘기거나 놓치고 싶지 않았다.

남편은 그런 나를 보며 유학생이 아니라 입시생 같다며 놀려 댔다. 내가 유학 가서 고3 수험생보다 더 열심히 공부한 이유는 그 기회가 얼마나 소중한지 잘 알고 있었기 때문이다. 20대에 유학을 갔더라면 그 기회의 가치를 잘 몰랐을 것이다. 젊을 때 는 늘 다음 기회가 있으리라 착각하기 쉽다. 그런 근거 없는 낙관이 젊음의 특권이자 함정이다. 반면 적지 않은 나이에 20년간 꿈꿔오던 공부를 하기 위해 생업과 가족을 등지고 유학을 하던 나에게는 모든 순간이 너무나 소중하고 귀했다.

처음 유학을 떠날 때만 해도 커리어에 단절이 생기진 않을까 불안했지만, 남편과 직원들이 애써준 덕에 그럴 일은 없었다. 내가 자리를 비운 동안에도 새로운 숍을 오픈하고 뷰티 웹진을 창간하는 등 사업이 꾸준히 확장됐다.

AAU는 학생들의 현장 실습을 적극 권장하는 곳이라, 일하느 라 수업에 못 들어가더라도 관련 서류만 제출하면 출석을 인정해준다. 덕분에 유학 생활을 하면서도 뉴욕이든 스페인이든 어디라도 달려가 원하는 작업을 할 수 있었다. 보아의 〈허리케인 비너스〉 앨범 재킷도 유학 중 뉴욕으로 날아가 작업한 것이다. 스텐실이나 실크스크린 같은 순수미술 기법을 메이크업에 처음 접목한, 매우 의미 있는 작업이었다.

그렇게 샌프란시스코에서 4년 6개월, 길다면 길고 짧다면 짧은 시간을 보내고서 나는 본래 자리로 돌아왔다. 예전에는 나를 찾는 전화가 하루에도 수십 통씩 쏟아지던 유학 직전의 시기가 내 커리어의 전성기라고 생각했다. 하지만 유학을 마친 나는 분명히 깨달았다. 앞으로 내가 하는 작업은 결코 전과 같지 않을 것이며, 나의 진짜 전성기는 이제부터라는 걸 말이다.

순수미술과의 만남,
더 넓고 깊은 세계를 발견하다

메이크업 아티스트의 작업에는 '감성'과 '영감'이라는 말로 표현할 수밖에 없는 부분이 있다. 나는 그런 부분이 종종 불편했다. 이 색은 왜 저 색과 어울리지 않는지, 이 사람에게는 왜 이런 아이라인이 어울리는지, 이 얼굴형에는 왜 여기에 음영을 넣어야 하는지…. 직관적으로는 알지만 명료하게 설명할 수 없어 답답했다. 그런데 순수미술을 공부한 후로는 이런 답답함이 사라졌다. 내가 무언가를 아름답게 느끼는 이유를 논리적이고 이성적으로 설명할 수 있게 되었기 때문이다.

유학 후 나는 순수미술의 이론적 배경을 기반으로 'KEY7'(키세븐)이라는 메이크업 법칙을 만들었다. 나만의 오랜 메이크업 노하우에 순수미술 이론을 접목한 것으로, 어떤 트렌드가 유행하든 응용할 수 있게 만든 메이크업 기본 공식이다.

가령 첫 번째 공식인 'THIN & THICK'는 페인팅할 때 레이어가 더해진 부분은 앞으로 튀어나와 보이고, 그렇지 않은 부분은 뒤로 들어가 보이는 효과가 있다는 것에 착안한 법칙이다. 피부가 두꺼운 부분, 즉 광대부터 턱을 잇는 브이라인에는 베이스 메이크업을 여러 겹 바르고, 피부가 얇은 눈과 입 주변·이마·코·볼 바깥쪽에는 얇게 바르거나 아예 바르지 않는다. 그래야 음영 차이가 두드러져 얼굴이 한결 입체적으로 보인다.

색상이나 재료의 대담한 선택 또한 순수미술을 공부한 후로 달라진 점이다. 메이크업 제품만을 사용하던 종전과 달리 유학 후로는 지푸라기부터 보석에 이르기까지 다양한 재료에 눈을 뜨게 되었고, 스텐실이나 실크스크린 등의 기법을 메이크업에 응용할 수 있게 되었다. 또한 메이크업의 대상인 얼굴뿐 아니라 상반신 전체, 즉 헤어나 패션까지 고려하는 안목도 갖추게 되었다.

유학 중에도 나는 방학 때마다 귀국해 수강생들을 가르쳤다. 새로운 환경에서 경험한 신선한 영감을 한시라도 빨리 제자들과 공유하고 싶었기 때문이다. 순수미술이 메이크업 아트와 어떻게 접목될 수 있는지, 이를 실제 현장에서 어떻게 활용할 수 있을지 등 나만의 이론을 구체화하는 데 강의가 큰 도움이 되었다. 이런 경험을 바탕으로 나만의 메이크업 이론과 철학을 재정립하고 집대성한 결과가 바로 '정샘물아트앤아카데미' 커리큘럼이다.

이 커리큘럼은 메이크업 테크닉을 가르치기 위한 것이 아니다. 순수미술 이론으로 기초를 단단하게 다지고, 아티스트로서의 정체성을 확립하는 데 목적이 있다. 이런 과정이 선행되어야 메이크업의 대상이 되는 사람을 존중하고, 창의성과 영감이 넘치는 아티스트가 될 수 있다.

국제무대를 향한 거침없는 도전

유학의 또 다른 수확은 영어 사용에 익숙해졌다는 점이다. 유학 초기 내 영어 실력은 외국어로 영어를 익히려는 학생들을 위해 개설된 교육 과정인 ESL(English as a second language) 첫 단계부터 해야 하는 수준이었다. 전공 특성상 언어에 크게 의존하지 않아도 되는 수업이라 그나마 다행이었다. 마치 수험생처럼 강의 내용을 녹음해 되풀이해서 듣고, 어시스턴트의 도움도 받아가면서 힘겹게 영어를 익혀갔다. 그렇게 4년 넘게 영어 환경에서 지내니 웬만한 의사소통은 가능해졌다. 당시 익힌 영어 구사 능력은 내가 메이크업 아티스트로서 국제무대로 도약하는 발판이 되어주었다.

대부분의 직업이 그렇지만, 메이크업 아트도 영어에 능숙하면 활동 반경이 넓어지게 마련이다. 특히 요즘처럼 국제적으로 K뷰티를 향한 관심이 뜨겁고 수요가 클 때는 더욱 그렇다. 몇 년 전에는 에스티로더(Estee Lauder) 그룹의 브랜드인 크리니크(Clinique)의 아시아 대표로 선정되어 북미, 프랑스, 중국, 싱가포르, 태국 등지에서 K뷰티와 나의 메이크업 이론에 관해 영어로 강연을 했다.

당시에는 강연 중에 말문이 막히거나 힘들면 곁에 있는 인터내셔널 매니저에게 도움을 청할 생각으로 욕심을 버린 채 강단에 올랐었다. 그런데 강연을 마치자 매니저가 놀라서 동그래진 눈으로 "도와드릴 필요가 전혀 없겠던데요?"라고 말했다. 그날 내 강연을 들은 아티스트들의 반응도 매우 좋았다. 마음만 앞섰지 문법은 엉망진창이었을 텐데, 그래도 내 진심은 전달되었던 모양이다.

나의 한계를
정할 사람은
오직 나뿐이다

유학 후 가장 큰 변화는 사업 확장이었다. 2011년에 LG생활건강과 함께 메이크업 브랜드 '퓰'을 론칭했고, 5년 후에는 내 이름을 내건 브랜드 '정샘물뷰티'를 선보였다.

우리 브랜드의 특징은 순수미술 이론과 K뷰티 트렌드의 접목이다. 예를 들어 스타 실러나 쿠션 실러 등 정샘물뷰티의 대표 제품에는 팔레트가 내장되어 있다. 순수미술과 마찬가지로 메이크업을 할 때도 팔레트를 활용하면 색상을 더 자연스럽고 쉽게 조합할 수 있기 때문이다. 고유의 철학과 아이디어를 담은 정샘물뷰티의 제품들은 현재 국내는 물론이고 해외에서도 많은 관심과 사랑을 받고 있다.

유학의 경험과 자신감으로 완성시킨
'정샘물 브랜드'

2017년도에는 가로수길에 플래그십 스토어 '정샘물 플롭스'를 오픈했다. 정샘물 브랜드의 모든 제품을 직접 체험하고 구매하는 동시에 아티스트들의 다양한 예술 작품을 감상할 수 있는 공간으로 운영되고 있다. 이 역시 순수미술을 배우지 않았다면 구상하기 어려운 계획이었을 것이다.

같은 해 9월에는 제5회 대한민국브랜드대상 브랜드 리더십 부문 최우수상을 수상했다. '정샘물인스피레이션', '정샘물아트앤아카데미', '정샘물뷰티'가 최적의 시너지 효과를 내면서 성공적인 브랜딩 사례로 평가받은 결과였다. 정샘물인스피레이션은 헤어, 메이크업, 네일 아트, 스킨케어 등의 서비스를 원스톱으로 제공하는 토털 뷰티 살롱이다. 정샘물아트앤아카데미는 매년 200~300명에 이르는 메이크업 아티스트를 육성하고, 정샘물뷰티를 통해서는 메이크업 제품을 제작·유통한다.

이렇게 실무와 교육, 제품 제작이 서로 맞물리며 톱니바퀴처럼 돌아가는 트라이앵글 구조가 우리 회사 브랜드만의 차별점이자 경쟁력이다. 처음부터 이런 트라이앵글 구조를 구상했던 것은 아니다. 유학 이후에 아카데미 커리큘럼을 정비하고 정샘물뷰티를 론칭하면서 이런 구조가 자연스럽게 자리를 잡게 되었다.

하지만 유학 경험의 가장 큰 수확은 따로 있었다. 늦깎이 나이에 변변치 못한 영어 실력으로 유학을 떠나 4년 6개월을 지내보니 세상에 못 할 게 없다는 자신감이 생겼다. 이런 자신감은 이후 내 모든 결정에 큰 영향을 미쳤다. MBC 〈마이 리틀 텔레비전〉에서 섭외 요청이 왔을 때, 예능 경험이 많지 않아 망설이면서도 끝내 도전했던 것은 유학 생활에서 얻은 자신감 덕분이었다. '영어 한마디 못하면서 샌프란시스코에서 4년 6개월을 공부했는데 예능 프로그램 출연쯤이야!'하는 생각이 들었던 것이다. 〈마이 리틀 텔레비전〉 녹화는 예상보다 힘들었지만, 예상대로 유학보다 어려운 도전은 아니었다.

내가 유학을 한 표면적인 이유는 메이크업 이론을 확립하고 내 이름을 내건 화장품 브랜드를 만들기 위한 전문성을 갖추겠다는 것이었다. 그런데 실은 이런 이유보다 '그냥 하고 싶다'는 마음이 컸다. 유학을 하고 싶은 마음이, 미국으로 떠나야만 하는 이유를 만들었다고 보는 편이 맞을 것이다. 실제로 샌프란시스코에 있는 동안 나는 그림을 그리는 데에만 순수하게 매달렸다. 뭘 배우든 메이크업 아트에 대한 영감으로 발전시키긴 했지만.

그렇게 유학을 마치고 돌아오니 내가 생각지도 못한 위치에 서 있었다. 전 세계가 내 메이크업 철학과 이론에 귀 기울이고, K뷰티를 선도하는 메이크업 아티스트로 인정해주었다. 유학 전에는 '정샘물'이라는 세 글자가 글로벌 시장에서 통하리라고는 상상조차 하지 못했다. 그저 인생 로드맵에 찍힌 오랜 꿈을 실현했을 뿐인데, 이 도전이 생각지도 못한 또 다른 가능성을 열어준 것이다.

나는 내가 얼마나 더 발전할지
너무너무 기대돼

내가 유학이라는 쉽지 않은 일에 도전할 수 있었던 첫 번째 이유는, 나의 한계는 오직 나만이 정한다는 생각이 있었기 때문이다. 왠지 기운이 없고 축축 처지는 느낌이 들 때마다 보는 동영상이 하나 있다. 스위스의 여성 마라토너, 가브리엘라 앤더슨 시스(Gabriela Andersen-Schiess)의 동영상이다. 1984년 LA올림픽 여성 마라톤 경기는 시스에게 매우 각별한 의미가 있었다. 여성 마라톤이 올림픽 정식 종목으로 채택된 첫해였고, 당시 그녀의 나이가 서른아홉 살이었으니 꼭 완주하고 싶었을 것이다. 다른 여성 마라톤 경기에서 두 번이나 우승한 경력도 있었으므로 불가능한 목표는 아니었다.

하지만 경기 중반, 그녀의 몸에 이상이 생겼고 더는 뛸 수 없을 정도가 되었다. 그래도 그녀는 뛰었다. 계속 뛰었다. 사람들은 저러다 큰일 나겠다며 난리를 치고 의료진이 그녀를 돕겠다고 다가섰지만, 그녀는 사력을 다해 거부했다. 올림픽 규정상 누군가가 몸에 손을 대 부축하면 경주 자격이 박탈되기 때문이다. "나를 부축하지 마세요, 그냥 뛰게 내버려두세요." 온몸으로 도움을 거부한 그녀는 쓰러질 듯 위태롭게 비틀대며 앞으로, 또 앞으로 나아갔고 결국 결승선을 통과했다. 나는 이 동영상을 볼 때마다 늘 운다. 울지 않고는 볼 수가 없다.

내가 유학을 고민할 때 주변에서 우려하는 사람들이 많았다. '네가 없으면 사업은 어떻게 되겠느냐, 그까짓 순수미술 배고프기만 하지 배워서 뭐하느냐, 그 나이에 혼자 타지에 나가 왜 사서 고생하려고 하느냐, 네가 자리를 비우면 연예인들 다 빠져나갈 텐데 괜찮겠느냐, 유학 안 가도 잘 먹고 잘살 수 있는데 굳이 왜 가려고 하느냐, 심지어 혼자 남을 남편이 불쌍하지도 않느냐'는 이야기까지 들었다. 걱정하는 마음은 알겠지만 슬슬 오기가 생겼다. 왜 내 한계를 자기들이 나서서 결정하지? 가브리엘

라처럼 나도 그들에게 온몸으로 말하고 싶었다. '그냥 나 좀 내 버려두세요. 내 한계는 내가 알아서 결정하게 해주세요.'

그러기 위해서 나는 내게 부정적인 영향을 주는 사람들과의 연락을 모두 끊었다. 이것이 내가 도전할 수 있었던 두 번째 이유다. 나를 힘들게 하는 사람들과 억지로 인연을 이어갈 이유가 없었다. 남들 눈치를 보느니 나 자신의 내면에 귀 기울이는 편이 더 건설적이라고 생각했다.

대신 내게 긍정적인 기운을 주고 응원해주는 사람들을 더 가까이 끌어안았다. 도전이 가능했던 세 번째 이유다. 남편을 비롯해 많은 친구들이 유학을 떠나려는 나를 축하해주었다. 내가 돌아올 때까지 어디 안 가고 기다리겠다는 말도 고마웠지만, 정말 눈물 나게 감동적이었던 말은 따로 있었다.

"나는 네가 유학을 통해 얼마나 더 발전할지 너무너무 기대 돼."

유학 생활 도중에 가끔 지치고 힘들 때, 피곤할 때, 누구 말마따나 괜히 유학을 와 사서 고생인가 싶을 때, 이 말 한마디를 떠올리면 기운이 났다. 누군가 나만을 위해 차려준 따뜻한 밥 한 끼를 먹은 것처럼 든든했다.

힘든 도전일수록 주변에 이런 치어리더 같은 사람들이 있어야 한다. 내가 아무리 강하고 심지가 굳어도 혼자서는 힘들다. 나를 믿어준 이들이 있었기에 나는 무사히 유학이라는 도전을 마치고 커리어의 대전환기를 맞을 수 있었다. 그러니 나 역시 도전하는 당신을 응원한다. 나는 당신이 새로운 도전을 통해 얼마나 더 발전할지 너무너무 기대된다.

사소한 일이 우리를 위로한다.
사소한 것이 우리를 괴롭히기 때문에.

파스칼(수학자, 철학자)

자존감은
사소함에서
완성된다

지인 A가 몸이 안 좋아 병원에 갔는데 의사가 천연덕스럽게 방귀를 뀌고는 사과 한마디가 없더란다. 그 말에 지인 B가 배꼽을 잡았다.

"정말 속이 안 좋았나 보네. 환자 앞에서 실례를 다 하고. 너무 당황해서 얼렁뚱땅 넘기려고 했나 보다."

하지만 A는 웃지 않았다.

"그게 웃을 일이야? 그 의사가 날 얼마나 우습게 봤으면 내 앞에서 방귀를 다 뀌어? 게다가 사과 한마디 안 하는 게 말이 되냐고. 그 자리에서 당장 따질걸, 생각할수록 짜증나 죽겠어."

집에 돌아오는 길에 가만 생각해보니 A와 B의 반응은 그 둘의 심리 상태를 고스란히 반영하고 있는 것 같았다. B는 그 일을 그저 '의사 본인의 문제'로 본 반면, A는 '자신의 문제'로 바꾸어 생각하고 있었다. 자신이 우습게 보여서 그런 일을 당했다고 여긴 것이다. B가 남의 일이라 너그럽게 반응했다고는 생각하지 않는다. B는 평소 남에게 잘 공감하고, 남도 자신에게 그러리라는 믿음을 가진 사람이다. 반면 A는 평소에도 '그건 날 무시해서 하는 행동'이라는 말을 입에 달고 산다.

남이 몰라줘도
내가 알아주면 된다

《자존감 수업》의 저자인 정신건강의학과 전문의 윤홍균이 〈한겨레〉 인터뷰에서 말하길, 자존감이 건강한 사람은 언행이 너그럽다고 한다. 타인이 자신을 해코지할 이유가 없다고 생각하기 때문에 불편한 일이 생겨도 상대를 의심하지 않고 너그럽게 대한다는 것이다. 반면 자존감이 낮은 사람은 의심과 불안이 많아서 화도 잘 내고, 매사에 부정적인 의미를 부여하는 경향이 있다고 한다.

몇 년 전부터 '자존감 열풍'이라 할 정도로 사람들 입에 '자존감'이라는 단어가 자주 오르내리고 있다. 사람들이 자기 마음을 깊이 들여다보고, 행복의 조건을 다양한 각도에서 생각하게 되었다는 뜻이리라. 한편으로는 자신을 온전히 지키기 힘든 시대라는 사실을 반증하는 것 같기도 하다.

내 주변에도 자존감이 낮아 고민이라는 젊은이들이 많다. 20~30대는 아직 무언가를 가지기에도 이루기에도 이른 나이라, 자신이 부족하다고 느낄 수 있다. 일부 젊고 부유한 연예인이나 셀럽들의 SNS를 보면 더욱 그런 감정이 든다. 하지만 가진 게 없고 남을 부러워한다고 무조건 자존감이 낮은 것은 아니다.

문제는 거창한 일을 이루어내야, 남들에게 인정을 받아야 자존감이 채워진다고 오해하는 것이다. 누군가는 '남이 알아주지도, 인정하지도 않는데 나 혼자서만 자신을 사랑하고 가치 있게 생각한다고 뭐가 달라지느냐'고 말한다. 하지만 이는 틀린 말이다. 남이 알아주거나 인정하지 않아도, 대단한 일을 이루지 않아도 스스로가 자신을 멋진 사람, 가치 있는 사람이라고 여기면 분명 무언가가 달라진다. 내가 바로 그 증인이다.

아버지가 사업을 하시는 바람에 우리 집은 늘 부침이 많았다. 그러다 내가 중학생이 되던 무렵에는 영영 회생이 불가능한 지경이 되고야 말았다. 그때부터 우리 가족은 빚쟁이에 시달리며 살았다. 불쑥불쑥 찾아오는 낯모르는 빚쟁이들도 무서웠지만, 더 끔찍한 것은 웃는 얼굴로 나를 대하다 한순간에 낯빛을 바꾼 어른들이었다. 물론 나라도 화가 났을 것이다. 힘들게 일하고도 월급을 받지 못한다면, 앞으로도 받을 가망이 희박하다면 정말 그럴 것 같다. 하지만 당시 10대였던 나는 어른들을 이해하기 어려웠다. 한편으로는 배신감마저 들었다.

어린 마음에 나라도 '좋은 사람'이 되고 싶다고 생각했다. 하지만 어떻게 해야 좋은 사람이 될 수 있을지 그 방법을 알지는 못했다. 우선은 내가 머문 곳을 늘 깔끔하고 상쾌하게 유지하는 것으로 시작해보자고 결심했다.

푸석해진 나의 자존감에
반짝반짝 물광 내기

아르바이트를 함께 하는 친구들이 바닥에 물걸레질을 하고 지나가면 나는 마른걸레로 남은 물기를 보송보송하게 닦았다. 친구들과 그렇게 분업하기로 약속한 것도 아니고, 어른들이 시킨 일도 아니었다. 누군가가 물기에 미끄러질까 걱정되어 자발적으로 한 일이었다. 공중화장실에서는 내가 사용한 칸을 말끔하게 정리하고 나왔다. 바닥이나 변기에 물기가 있으면 휴지를 뽑아 닦았고, 주변의 쓰레기도 주웠다. 화장실에서 나와 손을 씻을 때는 세면대 물기까지 깔끔하게 닦았다. 생색도 못 낼 만큼 사소한 일이었다. 알아주는 사람도 없었다. 하지만 나만은 알았다. 나의 사소한 일이 누군가를 기분 좋게 한다는 걸, 그런 일을 하는 나는 꽤 괜찮은 사람이란 걸 말이다. 그런 작은 뿌듯함이 가난하고 고단한 10대 시절을 견디고 이길 힘을 주었다.

한번 몸에 밴 습관은 쉬 없어지지 않는다. 지금도 나는 공중화장실을 쓰고 나면 반드시 뒷정리를 한다. 누가 보면 오지랖이라고 할 만큼 내가 쓴 칸은 물론이고 세면대와 휴지통 근처까지 싹 정리한다. 올해 여덟 살 된 큰딸 아인이와 함께 있을 때는 공중도덕을 가르칠 좋은 기회로 삼는다.

"아인아, 네가 화장실을 깨끗하게 써야 다음 사람이 기분 좋겠지? 손 닦고 나서는 물 함부로 털면 안 돼. 거울에 물이 튀면 청소하는 분도 힘들고, 다른 사람들 기분도 안 좋아. 이건 여럿이 함께 쓰는 공간에서 꼭 지켜야 할 기본예절이야."

내가 공중화장실을 정리하는 걸 늘 봐왔으니 아인이도 자라서 자연스럽게 나를 따라 하지 않을까 싶다. 그런 때가 오면 아인이도 어린 시절의 나처럼 스스로가 자랑스럽겠지. 사소한 행동 하나가 얼마나 자존감을 채워주는지 알게 되겠지.

샌프란시스코 유학 시절, 매주 금요일 저녁이면 우리 집에 유학생 20명 정도가 모여 함께 예배를 드렸다. 식사를 넉넉하게 준비해 예배 전에 나눠 먹고, 국과 반찬 등은 따로 싸두었다가 집으로 돌아가는 친구들 손에 일일이 들려 보냈다. 학교에 갈 때는 도시락을 넉넉하게 싸가서 친구들과 나눠 먹었다. 뭘 잘 몰랐을 때는 유학생은 전부 부유한 집안 아이들인 줄 알았다. 그런데 막상 유학을 와서 보니 꼭 그렇지만도 않았다. 심지어 물만 마시며 공부하는 친구들도 있었다. 내가 '손 큰 언니' 역할을 자처한 건 그래서였다.

한번은 미국인 친구 하나가 내 도시락을 보더니 왜 이렇게 많이 싸오느냐고 물었다. 나는 이것이 '나의 작은 쓰임'이라고, 밥을 나누어 먹는 사소한 일로 누군가의 하루를 든든하고 활기차게 만들 수 있다면 그 쓰임을 기꺼이 받겠다고 대답했다.

유학 시절 또 하나 기억에 남는 일은 주말마다 했던 해변 청소다. 그림 같은 해변에 각종 쓰레기며 술병이 넘쳐나는데, 보기에도 안 좋을뿐더러 맨발로 해변을 뛰는 아이들이 발을 다칠까 걱정이었다. 같은 과 친구들에게 커피 한 잔 사주면서 함께하자고 했더니 제법 많이 동참했다. 몇 주 지나자 동네 사람들이 관심을 보이기 시작했다. "어디에서 나온 사람들이냐, 정말 고생 많다."고 하면서 행운을 빌어주기도 했다. 나중에는 우리 팀에 합류해 청소를 함께 하는 주민도 생겼다.

한국에서 놀러온 지인들도 예외는 아니었다. 친구든 연예인이든 공교롭게 주말이 포함된 일정으로 방문한 사람이면 여지없이 내 손에 이끌려 해변 청소를 하러 가야 했다. 그렇게 한두시간 쓰레기봉투를 채우고 나면 내게 근사한 식사를 대접받았다. 소위 크리에이터나 아티스트로 불리는 사람들은 아름다움을 작품 안에서만 구현하려 할 게 아니라, 일상에서도 만들어내야 한다고 생각한다. 내가 해변 청소에 같은 과 친구들과 한국에서 온 아티스트들을 동참시킨 데는 이런 이유도 있었다. 자연이 주신 아름다움이 사람들 손에 훼손되고 있는데 이걸 못 본척 눈감으면서 예술을 한다는 건 어불성설이다.

이런 생각으로 시작한 해변 청소 활동은 의외의 효과를 발휘했다. 친구들과 청소를 함께 하면서 서로 끈끈하고 돈독해졌다. 자발적으로 긍정적인 공동체를 이루었다는 자긍심에 각자의 자존감도 높아졌다.

자존감을 키우기 위해 필요한 건
3.5퍼센트의 사소함

대단한 일을 성취할 필요가 없다. 누군가 알아주지 않아도 된다. 작고 사소한 일을 해내는 동안 자존감이 높아질 수도 있음을 나는 오랜 경험을 통해 알게 되었다. 이렇게 높아진 자존감은 숨길 수가 없어서 반드시 얼굴에 나타난다. 어느새 나는 여유롭고 부드러운 인상을 지닌, 어디서든 환영받는 존재가 되어 사람들을 끌어당기기 시작한다. 요즘 말로 '핵인싸'가 되는 셈인데, 그럼으로써 나의 자존감은 더욱 높아진다. 이것이 바로 내가 경험한 '자존감의 선순환'이다.

가뜩이나 예민한 감각을 타고난 나는 메이크업 아트를 하면서 더욱더 예민해졌다. 메이크업의 세계에서는 단 1밀리미터의 차이도 매우 크다. 양쪽 아이라인의 길이가 1밀리미터만 차이가 나도, 양쪽 눈썹 산의 꺾인 정도가 1도만 달라도, 메이크업 완성도가 확 떨어진다. 일반인에게는 안 보일지라도 아티스트 눈에는 다 잡힌다.

무슨 일이든 완성도는 아주 작고 사소한 부분이 결정하게 마련이다. 지퍼가 뻑뻑하거나 단 한 군데라도 실밥이 풀린 옷은 유명 디자이너의 작품일지라도, 제아무리 디자인이 멋지고 소재가 고급스러울지라도 명품으로 보이지 않는다. 그런 의미에서 완성도란 아주 작고 사소한 부분까지 극단적으로 완벽함을 추구해야만 얻어진다. 따라서 사소함을 무시하거나 우습게 여겨선 안 된다. 사소함을 무시한 대가는 결코 사소하지 않다. '악마는 디테일에 있다'는 말도 있잖은가.

나이 들수록 거창하고 엄청난 무언가보다는 작고 사소한 것에 더 매료된다. 내 휴대전화에는 바람에 흔들리는 작은 들꽃과 차창에 매달린 작은 빗방울, 라엘이 손바닥 만한 단풍잎 사진이 가득하다. 남편이 기분 좋을 때 부르는 나지막한 콧노래, 두 아이의 작은 키득거림이 그 어떤 오케스트라 연주보다 아름답게 들린다. 아이들과 함께하는 사소한 일상은 그 어떤 영광과 명예보다 더 충만한 행복감을 준다.

정말로 귀한 보물은 금고에 없다. 하나님이 그런 뻔한 곳에 보물을 숨기실 리 없다. 보물은 사람들이 찾을 생각조차 하지 않는 아주 사소한 데 있다. 뛰어난 아이디어, 인생의 진리, 삶의 기쁨, 자존감의 비밀은 늘 그런 곳에 있다.

작디작은 것으로 눈길을 돌리고 귀를 열면 세상 모든 것이 다 귀하다. 세상 모든 것을 귀하게 여기는 나 자신도 귀해진다. 바닷물 소금의 농도는 약 3.5퍼센트라고 한다. 이 3.5퍼센트의 소금이 바다를 바다답게 만들고 수많은 생명을 품는다. 어쩌면 우리의 자존감도 단 3.5퍼센트의 무언가로 채울 수 있을지 모른다.

50퍼센트, 70퍼센트의 무언가는 필요하지 않다. 작고 사소한 일을 해낸 뿌듯함, 좋은 사람이 되기 위한 단 한 걸음이 우리 마음을 일으켜 세우고 우리 어깨를 으쓱하게 한다. 이것이 바로 금수저로 태어나지 않아도, 경쟁에서 이기지 못해도, 다른 사람이 알아주지 않아도 우리의 자존감이 시들지 않는 이유다.

자존감
되찾기

아주 사소한 일로 나의 자존감이 채워졌던
경험이 있다면 적어보자.

1
....

2
....

3
....

4
....

5
....

모든 지킬 만한 것 중에 더욱 네 마음을 지켜라.
생명의 근원이 이에서 남이니라.

잠언 4장 23절

인생 근력은
마음 근력에서
나온다

고등학생 시절의 나는 환경과 감정을 분리하려고 부단히 노력했다. 환경이 어렵고 힘든 것은 사실이지만, 그렇다고 매일 죽상으로 다니고 싶지는 않았다. 낯빛이 어둡고 부정적인 기운이 가득한 사람에게는 아무도 호감을 느끼지 않을 테니까. 어차피 내 힘으로 환경을 바꾸기까지는 시간이 걸리니 우선은 환경이 내게 부정적인 영향을 끼치지 못하게 힘껏 막아내기로 했다.

한번은 아르바이트를 끝내고 집으로 가는데 문득 내 모습이 참 초라해 보였다. 어깨는 축 처지고 시선은 땅바닥에 고정한 채 터덜터덜 걷는 깡마른 여자아이, 생기도 자신감도 없는 이 모습이 나라니… 이 사실을 깨달은 후로 나는 고개를 들고 어깨를 편 채 당당하게 걷는 연습을 했다.

그러면서 또 시작한 일이 '입꼬리 올려 활짝 웃기'였다. 돈도 수고도 들이지 않고 밝은 인상을 주는 가장 좋은 방법이라고 생각했다. 당시는 모르고 한 일이지만, 억지로라도 활짝 웃으면 실제로도 즐겁고 긍정적인 마음이 된다고 한다. 흔히 웃으면 복이 온다고 하는데, 뇌 과학에 따르면 맞는 말이란다. 웃는 표정을 지으면 우리 뇌가 행복해서 웃는 것으로 착각해 행복해지는 신경전달물질을 생성한다는 것이다.

활짝 웃는 표정이
긍정적인 마음을 만든다

'일로일로 일소일소'(一怒 一老 一笑 一少)라는 말이 있다. '한 번 화내면 한 번 늙고, 한 번 웃으면 한 번 젊어진다'는 뜻이다. 그만큼 표정이 중요하다는 의미일 텐데, 나는 이 말이 사실임을 늘 실감한다. 표정이 어두운 사람에게는 아무리 훌륭한 메이크업을 해줘도 소용이 없다.

내게 메이크업을 받는 고객은 결혼처럼 일생일대의 중요한 이벤트를 앞둔 경우가 많기 때문에 긴장과 스트레스로 표정이 자연스럽지 않은 경우가 많다. 그래서 나는 메이크업을 하면서 고객의 긴장을 풀어주기 위해 대화를 많이 나눈다. 특히 표정이 어두운 고객이 있으면 더욱 신경 써서 교감하려고 노력한다. 가벼운 잡담으로 시작해 "어깨가 딱딱하게 굳었네요. 뭐 신경 쓰이는 거라도 있으세요?" 하고 자연스레 물으면 고객 대부분이 마음을 터놓고 이야기를 들려준다.

한번은 웨딩 메이크업을 받으러 온 고객 얼굴이 너무 안 좋기에 이유를 물었더니 예비 시어머니 때문에 화가 나서라고 했다. 남편과 여기서 웨딩 메이크업을 받으려고 예약까지 다 해놨는데, 시어머니가 당일에 남편만 쏙 빼서 자기 단골 숍으로 데려갔다는 것이다. 고객이 이렇게 화가 잔뜩 나 있으면 메이크업 과정도 힘들고, 결과도 좋지 않다.

"아이고, 그랬구나. 정말 속상했겠어요."라며 고객의 말에 귀를 기울이고 공감해줬다. 사람은 누구나 자신이 충분히 이해받고 있다고 느끼면 대개는 기분이 어느 정도 풀리게 마련이다.

"속상해도 기분 풀어요. 오늘은 좋은 날이니까. 신부님이 시어머니 이해해줘야지 어쩌겠어요. 30년을 금이야 옥이야 키웠으니 장가보내기가 아쉽기도 하겠지요. 신랑님 메이크업이 영

아니다 싶으면 이따 신부님 데리러 왔을 때 내가 잠깐 수정해드릴게요."

농담 섞어 위로를 건넸더니 고객이 그제야 마음을 풀고 활짝 웃었다. 잔뜩 굳었던 얼굴이 활짝 펴지면 마치 다른 사람이 된 것만 같다. 이전까지 칙칙해 보이던 낯빛이 화사해지고 눈가에 생기가 돌면서 비로소 메이크업이 얼굴에 착 붙는다. 그래서 나는 늘 '웃는 표정이 최고의 베이스 메이크업'이라고 생각한다.

나는 가끔 인상 좋다는 칭찬을 듣곤 한다. 어린 시절부터 늘 밝은 표정을 유지하려고 노력한 덕분인지 지금 내 마음이 평온해서인지 모르겠다. 고등학생 시절, 늘 웃으려 노력했던 내가 정말 간절히 원한 것은 '마음의 힘'을 키우는 일이었다. 가난한 처지가 마음까지 가난하게 만드는 게 싫어서 더 많이 웃고, 더 당당하게 걸었다. 그렇게 만든 튼튼한 마음이 지금의 내 얼굴에 여유와 평화로 나타나는 것이리라.

당신은 타인의 감정을 받아내는 쓰레기통이 아니다

메이크업을 받으러 온 연예인이 유난히 표정이 어두우면 열에 아홉은 악성 댓글이 원인이다. 그럴 때면 안타까운 마음에 한마디 조심스레 건넨다.

"그런 걸 왜 봤어, 보지 말라니까. 이미 봤으면 악성 댓글 단 그 사람 참 불쌍하다, 하고 넘겨요. 얼마나 자존감이 떨어지고 할 일이 없으면 잘 알지도 못하는 연예인한테 악성 댓글이나 달겠어요."

참 이상하게도 위로하고 칭찬하는 말보다 비난하고 비웃는 말이 더 빨리 가슴에 꽂히고 더 큰 파장을 일으킨다. 내가 멘토 링하는 한 젊은 여성이 얼마 전 직장 동료에게 외모 지적을 당 했다고 한다. 처음에는 '자기 외모는 얼마나 잘나서?' 하고 속으로 콧방귀를 뀌었는데, 자기도 모르게 자꾸만 옷이며 화장품을 사들이고 있더란다. 카드 명세서를 보고서야 그 직장 동료의 말이 자신에게 얼마나 큰 영향을 주었는지 깨닫고는 정신이 번쩍 들었다고 했다.

지인 한 사람이 갑자기 쌍꺼풀 수술을 하겠다고 선언했다. 이유를 물었더니 누군가 SNS로 눈이 이상하게 생겼다는 악성 댓글을 남겼단다. 심지어 지인은 그 말을 한 사람과는 친분도 없었다. 평소 그녀의 쌍꺼풀 없는 눈을 좋아하던 나는 적잖은 충격을 받았다. 수많은 사람이 그녀에게 눈이 예쁘고 근사하다고 말해주었지만, 결국 친분도 안목도 예의도 없는 단 한 사람 때문에 쌍꺼풀 수술을 결정한 것이다.

우리는 왜 우리를 사랑하지도 존중하지도 않는 이들이 던진

말 한마디에 휘청휘청 흔들리고 상처받는 것일까? 왜 누군가의 불만, 열등감, 불안이 투영된 쓰레기 같은 말을 덥석 받아 안는 '감정의 쓰레기통'이 되고 마는 걸까?

한번은 식당에 갔는데, 서빙하는 아주머니가 짜증 가득한 표정으로 우리 탁자에 물컵을 거의 던지다시피 놓고 가는 것이었다. 아주머니 입장에서야 바빠서 짜증이 날 수도 있겠지만, 나로서는 밥 먹으러 갔다가 오물을 뒤집어쓴 기분이었다. 잠시 후 그 아주머니가 음식을 가지고 오자 나는 냉큼 말했다.

"아주머니, 피부에 뭐 바르셔요?"

아주머니가 "네?" 하고 되묻기에 또 물었다.

"아니, 피부가 너무 좋으셔서요. 무슨 비결이라도 있으세요?"

그랬더니 당장 삿대질이라도 할 것 같았던 아주머니 표정이 금세 화사해졌다.

"아유, 비결은 무슨요. 그냥 크림이나 바르는 거지."

수줍게 웃으며 음식을 서빙하는 아주머니 손길이 마치 봄바람에 흔들리는 버드나무 가지 같았다.

내가 부정적인 감정에 오히려 긍정적인 감정으로 대응한 이유는 타인의 감정에 덩달아 널뛰고 싶지 않았기 때문이다. 잘 알지도 못하는 한 사람 때문에 얼굴을 붉히고 맛없는 식사를 하고 소화불량에 걸릴 필요가 없다. 타인의 감정은 내 마음대로 되지 않지만, 내 감정은 내가 알아서 조절할 수 있다. 부정적인 감정에 영향을 받는 것도 내 선택, 산뜻하게 튕겨내는 것도 내 선택이다. '그 사람의 감정은 그 사람 것, 나의 감정은 내 것.' 이렇게 명확하게 선 긋기를 해야 한다.

물론 살다 보면 선 긋기가 쉽지 않은 경우가 더 많다. 식당 아주머니처럼 한 번 보고 말 사람이라면 모를까, 가까운 친구나 가족이라면 사정이 달라진다. 낯모르는 사람 손에 칼이 들려 있으면 도망이라도 갈 텐데 부모, 친구, 배우자, 이웃이 던지는 눈에 보이지 않는 칼은 피할 도리가 없다. '내가 너 잘되라고 하는 말인데'로 포장한, 날카로운 칼날 같은 말에 속절없이 마음을 베이고 상처를 입는다.

쉽진 않겠지만, 이런 관계는 차라리 끊는 편이 낫다. 내 마음을 지옥으로 만들면서까지 유지해야 하는 관계는 없다. 혈연이라도 마찬가지다. 어쩔 수 없이 그런 사람들을 만나야 한다면 이미지 트레이닝을 해보자. 쓰레기 같은 말이 날아올 때마다 뚜껑을 닫아서 쓰레기를 통 튕겨내는 광경을 상상하는 것이다. 이런 구체적인 이미지를 머릿속에 떠올리는 것만으로도 마음을 안정시키고 감정을 다스리는 데 큰 도움이 된다고 한다.

몸의 근력을 키우려면 힘들더라도 반드시 운동을 해야 하는 것처럼 마음의 근력도 힘든 일을 참고 견디면서 키워진다. 그런 의미에서 나는 내 마음에 상처를 주려는 악의와 마주할 때마다 오히려 감사하게 생각한다. '당신 말이 틀렸다는 것을 증명하기 위해서라도 나는 더 잘 살겠다, 더 좋은 사람이 되겠다' 하고 다짐하게 되기 때문이다.

힘든 일을 겪은 후에는 우리 마음도 푹 쉬어야 한다. 근육도 운동할 당시가 아니라 운동 후 휴식을 취할 때 만들어진다고 하지 않나. 마음의 근육도 마찬가지일 것이다. 힘든 일을 겪고 난 뒤에는 나는 정말 괜찮은 사람이라고 자신을 다독이고 위로해야 한다. 좋은 사람들을 만나 칭찬받고 공감과 위안을 구해야 한다. 이런 과정을 되풀이하다 보면 언젠가는 나를 향해 날아오는 돌멩이가 더는 내 마음에 어떤 생채기도 내지 못할 때가 온다. 나아가 내면이 단단한 사람, 마음 근력이 있는 사람이 될 수 있을 것이다.

마음 근력을 키워주는
하루 두 번의 묵상

이런 사실을 잘 알면서도 가끔은 모든 일이 너무나 버겁다고 느껴질 때가 있다. 나도 모르게 타인을 위한 '감정의 쓰레기통'이 되고 마는 그런 때 말이다. 그 끔찍하게 우울한, 길고 긴 터널에서 나를 서서히 빠져나오게 하는 것은 언제나 묵상이다. 마음이 시끄러운 당시에는 묵상의 힘을 실감하지 못하지만, 그럼에도 불구하고 꾸준히 아침저녁으로 묵상을 하면 결국 마음이 가라앉으면서 평상심을 회복한다.

아이들이 잠든 고요한 밤, 휴대전화의 '홀리 바이블'(Holy bible) 어플을 켜면서 내 묵상은 시작된다. 성경 말씀 한 구절을 읽으며 눈을 감고 오늘 하루를 되돌아본다. 마음에 걸리는 일이 있으면 가만가만 쓰다듬듯 세심하게 살핀다. 내가 지금 어떤 감정을 느끼는지, 건강한 감정인지 아닌지, 이 감정은 어디에 기인하는지 생각한다.

마음이 힘들면 어떤 구절을 읽어도 머릿속에 들어오지 않고, 오늘 하루를 다시 떠올릴 엄두도 나지 않는다. 그래도 숨 쉬고 밥 먹는 것처럼 매일의 묵상을 이어간다. 아침에 일어나면 간밤에 읽었던 성경 구절을 다시 꺼내 읽으면서 오늘 하루도 이 말씀에 의존해 살게 해달라고 기도를 올린다. 일하거나 가족과 일상을 보내다가도 문득 마음이 힘들다는 사실을 감지하면 수시로 어플을 켜고 성경 말씀을 읽는다. 몸이 힘들 때 비타민이나 영양제를 챙겨 먹는 것과 같은 원리다.

내가 아이들을 위해 매일 하는 일이 있다. 물을 팔팔 끓여 밤새 식혔다가 이튿날 아침 깨끗하게 소독한 물병에 담아 유치원 가는 아이들 손에 쥐여준다. 묵상도 이와 비슷하다. 간밤의 묵상은 펄펄 끓는 마음을 식히고 가라앉히는 역할을 한다. 아침의 묵상은 이렇게 깨끗하게 비워진 마음에 새롭고 긍정적인 기운을 담게 한다. 나에게 묵상은 묵은 감정을 비우고 깨끗한 마음을 회복하는 매일의 의례다.

내 힘으로는 어쩔 수 없는 일이 나를 괴롭히고 마음을 어지럽힐 때 나는 늘 묵상으로 이겨냈다. 행복하고 차분한 나날에도 묵상으로 마음의 근육을 단련시켜 앞으로 찾아올 시련에 대비한다.

화려한 조명 아래 선 배우는 늘 팽팽하게 긴장한다. 마찬가지로 마음이라는 무대도 어둠 속에 두지 말고, 늘 밝은 조명을 비추어 들여다보고 살펴야 한다. 이를 게을리해 마음속에 어둠을 들이면 세상사 회오리에 속절없이 빨려 들어가고 만다. 마음에 늘 빛을 비추어 살피려면, 항상 깨어 있으려면 내게는 묵상이 필요하다. 매일의 묵상은 정신을 늘 맑게 깨우기 위한 나의 간절한 노력인 셈이다.

글을 쓰는 일도 마음을 살피기에 좋은 방법이다. 멘티들에게 매일 짧게라도 글을 써보라고 권하는 이유다. 아무리 힘든 일이라도 글로 정리하면 결국 세 줄이다. 그러면 겨우 이런 일로 내가 그렇게 힘들었나, 하는 생각이 절로 든다. 나를 괴롭히는 그 무언가가 크고 두려운 존재 같아도 막상 용기를 내 자세히 들여다보면 그 실체는 비루하고 초라할 때가 많다.

오늘도 나는 기도한다. 내 마음이 더 단단하고 건강해지기를, 타인의 부정적인 기운에 흔들리거나 내 부정적인 기운이 타인

을 흔들지 않기를. 그렇게 단단해진 마음 근력으로 인생 로드맵
위를 뚜벅뚜벅 건강하게 걸어 갈 수 있기를.

SNS는
누구에게나
열려있는
기회의 문

《성경》에 나오는 이야기다. 주인이 여행을 가면서 세 명의 종에게 각각 5달란트, 2달란트, 1달란트씩을 나누어주었다. 여행에서 돌아온 주인은 종들을 불러 달란트를 어떻게 했느냐고 물었다. 5달란트를 받은 종은 장사로 10달란트를 만들었고, 2달란트를 받은 종도 4달란트로 불렸다고 말했다. 주인은 '착하고 충성된 종'이라며 이들을 칭찬했다. 그런데 1달란트를 받은 종은

이를 아무도 모르는 곳에 파묻어두었다가 고스란히 가져왔다. 주인은 사악하고 게으른 종이라면서 그를 내쫓아버렸다.

살다 보면 우리가 신에게 재능을 공평하게 받은 것은 아니라는 사실을 알게 된다. 누군가의 재능은 더 크고 더 빛나 보인다. 하지만 내게도 신이 나의 그릇에 맞게 주신 재능이 있다. 남보다 크지 않다고, 더 빛나지 않는다고 그걸 묻어두어서는 안 된다. 내가 가장 좋아하고 잘하는 일은 무엇일지, 어떻게 하면 나를 더 가치 있는 사람으로 만들 수 있을지, 자신의 재능에 대해 성찰하고 그것을 세상과 공유할 방법을 고민해야 한다. 그러다 보면 의외로 아주 가까이에 꽤 강력하고 효과적인 수단이 있음을 알게 된다. 바로 유튜브다.

나만의 달란트를 공유하고 싶다면
유튜브에 주목하라

내가 유튜브를 시작하게 된 계기도 신이 내게 주신 달란트를 많은 사람들과 공유하기 위해서였다. 이승연을 시작으로 수많은 톱스타와 작업하고 '스타 메이크업 아티스트'로 불리자 나의 메이크업 노하우를 궁금해하는 사람들이 부쩍 많아졌다. 당시 내가 운영하던 싸이월드는 하루 방문객이 7,000~1만 명에 이르고 질문이 수백 개가 달릴 만큼 큰 관심을 받았다. 질문의 수준을 보니 일반인도 많지만, 이미 메이크업 아티스트로 일하고 있는 사람들도 꽤 있어 보였다.

나는 어린 시절부터 결핍이 많고 도움이 절실한 환경에서 자라서 다른 사람이 그런 처지에 있는 것을 외면하지 못한다. 내가 할 수 있는 한 힘껏 돕고 싶었지만, 메이크업 튜토리얼을 글로 풀어쓴다는 게 마음처럼 쉬운 일은 아니었다.

고민을 거듭하다 '정샘물닷컴'이라는 홈페이지를 만들고 질문에 대한 답변을 사진이나 영상으로 제작해 올렸다. 뷰티 전문기자들이 나를 인터뷰하는 대신 그걸 보고 기사를 쓴다고 할 정도로 양질의 영상이었다. 그만큼 비용도 많이 투자한, 국내 유일무이한 기획이었다.

그러다가 2008년경 남편이, 유튜브라는 매우 가능성이 큰 글로벌 플랫폼이 있다면서 거기에 그 동영상 자료들을 업로드하자고 제안했다. 당시는 내가 유학으로 자리를 비운 상태였는데 아티스트 정샘물을 변함없이 응원하고 기다려주는 팬들에게 보답하는 통로로 유튜브를 활용해보자는 것이었다.

그렇게 2009년에 마침내 유튜브에 '정샘물 채널'이 만들어졌다. 유튜브가 한국어 서비스를 오픈한 지 1년밖에 안 된 때라 국내에서는 아직 유튜브의 인지도가 낮았다. 아마도 우리 회사가 뷰티 업계 최초로 유튜브에 진출했던 게 아닌가 싶다.

우리 채널의 콘셉트는 '전문가 튜토리얼'이다. 타깃 시청자도 메이크업 전문가 또는 준전문가 수준의 아마추어다. 그러다 보니 일반인의 접근성이 떨어진다는 평가도 있었다. 한때는 서브 콘텐츠로 이런저런 재미 요소를 만들기도 하고, 메이크업 과정을 감각적으로 전달하는 데 주력하기도 했다. 하지만 최근 우리 채널의 정체성을 깊이 숙고한 결과, 전문가 및 예비 아티스트들을 위한 '온라인 아카데미' 콘셉트로 다시 돌아가기로 했다. 정샘물아트앤아카데미를 온라인으로 고스란히 옮겨온다고 보면 된다.

몇 년 전 북미 세포라에서 사인회를 한 적이 있다. 현장에 한 시간 전에 도착했는데 이미 줄이 몇 백 미터나 길게 늘어서 있었다. 현장 매니저 말로는 대부분이 내 유튜브 채널을 보고 온 사람들이라고 했다. 사인하면서 몇몇 팬들과 이야기를 나눠보니 유튜브의 위력을 확실히 실감할 수 있었다. 내 유튜브 채널을 재미있게 보고 있다는 단순 시청자도 있었지만, 유튜브 채널을 보며 열심히 공부한 끝에 메이크업 아티스트가 되었다는 사람도 많았다.

내가 유튜브를 통해 온라인 아카데미 강좌를 하려는 이유가 바로 여기에 있다. 이들처럼 누구라도 정샘물 채널을 통해 시간과 장소, 비용에 구애받지 않고 양질의 메이크업 강좌를 수강하고, 메이크업 전문가의 꿈을 키울 수 있었으면 좋겠다. 이것이야말로 신이 내게 주신 달란트를 소중히 쓰는 길이리라 생각한다.

유튜브, 지금 시작하는 게
가장 빠르다

유튜브는 내 달란트를 공유하는 장이기도 했지만, 새로운 기회로 나아가는 길이 되어주기도 했다. 2013년부터 시작된 K뷰티의 붐을 타고 정샘물 채널의 해외 구독자 수가 폭발적으로 늘면서 나의 글로벌 인지도가 크게 높아졌다.

실제로 우리 채널의 구독자 절반 이상은 동남아시아, 미국, 유럽 등 해외 거주자다. 뷰티 콘텐츠는 언어에 크게 구애받지 않는 넌버벌(nonverbal) 성격이 강해 다양한 국가의 시청자와 소통할 수 있다는 장점이 있다. 우리 콘텐츠는 한글과 영어 자막을 기본으로 제공하는데, 댓글을 보면 비영어권 국가에서도 많이 시청한다는 사실을 알 수 있다.

정샘물아트앤아카데미를 서둘러 오픈한 데도 유튜브의 영향이 컸다. 정샘물뷰티스튜디오에서 소규모 아카데미를 잠시 운영하다가 중단한 후로 언젠가는 규모를 키워 아카데미를 다시 시작할 생각이었는데, 그 시기가 생각보다 앞당겨졌다. 정샘물 채널의 해외 구독자들로부터 한국에 와서 메이크업을 배워보고 싶다는 문의가 빗발쳤기 때문이다. 덕분에 정샘물아트앤아카데미를 계획보다 앞당겨 2014년에 오픈하고, 단기 국제반도 개설했다.

정샘물뷰티를 론칭한 이후로 동영상에서 자사 제품만을 사용한 덕분에 광고 효과도 톡톡히 누리고 있다. 동영상 제작비 외에 돈 한 푼 들이지 않으면서 글로벌 광고를 송출하는 셈이다.

현재 정샘물 채널은 구독자 40만 명 돌파를 눈앞에 두고 있다. 총 조회 수는 4,000만 뷰를 훌쩍 넘는다. 유튜브 외에도 인스타그램, 페이스북, 트위터 등 다양한 글로벌 플랫폼에 정샘물뷰티, 정샘물 아트앤아카데미 및 내 개인 계정을 가지고 있다. 세 계정 모두 검색 순위와 인지도 면에서 꽤 안정적으로 운영되고 있다.

나와 같은 꿈을 꾸는 사람들에게 조금이라도 도움을 주고자 시작한 유튜브 활동이 오히려 내게 큰 기회를 주었듯이, 누구라도 SNS를 활용하여 자신의 달란트를 나누고 더 큰 기회를 잡을 수 있다. 자신을 무료로 브랜딩할 수 있는 글로벌한 플랫폼이 있는데 이를 활용하지 않을 이유가 없다.

나는 특히 재능 있는 뷰티 크리에이터들이 더 많이 나와주길 바란다. 뷰티 채널은 제품 리뷰나 구매한 물건을 품평하는 내용을 담은 영상인 '하울'(haul), 메이크업 기법을 알려주는 '하우투'(how to), 전문적인 지도인 '튜토리얼'(tutorial) 등 다양한 콘셉트로 운영할 수 있다. 이 가운데 무엇에 주력할지 확실하게 정하고 일관성 있게 유지해야 한다.

최근에는 하우투와 튜토리얼이 강세다. 메이크업 전문가 경력이 있는 크리에이터가 자신의 전문성을 바탕으로 연예인 커버 메이크업 영상 등을 제작하여 큰 인기를 끌고 있다. 이런 콘텐츠가 유리한 이유는 K뷰티 열풍과 무관하지 않다. 한류 스타의 커버 메이크업 콘텐츠만큼 해외 구독자의 관심을 끌기에 좋은 것도 없다.

뷰티 채널은
아직 '블루오션'이다

최근 경향은 이렇게 전문성 있는 콘텐츠를 만들되, 형식은 '메이크업에 관심 많은 옆집 언니' 콘셉트를 유지하는 것이다. 우리 채널은 전형적인 튜토리얼 방식으로 만들지만, 1인 크리에이터가 운영하는 채널이라면 시청자에게 편안하고 친근하게 다가가는 것도 좋다.

채널 정체성이 확실해졌다면 메인 콘텐츠 말고도 이벤트 콘텐츠를 제작해보자. 가령 '송년회 숙취 숨기는 메이크업', '개강 시즌 블링블링 룩' 등 그때그때 시의적절한 콘텐츠를 순발력 있게 잘 제작하면 신규 구독자 영입에 도움이 된다.

시청자가 영상을 볼지 말지 결정하는 기준은 제목과 섬네일이다. 영상 내용과 동떨어진 낚시성 제목과 섬네일은 피해야겠지만, 시청자의 눈길을 최대한 끌 수 있도록 자신의 감각을 총동원해야 한다. 유튜브는 블로그와 달리 조회 수보다 평균 시청 시간이 더 중요하다. 분석 툴을 활용하여 시청자가 동영상을 시청하는 동안 관심도가 어떤 시점에 어떻게 변화하는지 면밀하게 분석해 보완할 부분을 확인해야 한다.

채널 시청자의 성향을 파악할 필요도 있다. 내 채널의 시청자는 어떤 직업에 종사하는지, 뷰티에 소비하는 예산은 얼마인지, 선호하는 스타일은 무엇인지를 파악해야 한다. 또 뷰티 외 다른 취미는 무엇인지, 외모를 가꾸려는 이유는 무엇인지, 뷰티 정보를 주고받는 상대는 누구인지, 내 채널 외 평소 즐겨 찾는 채널은 무엇인지, 내 채널을 왜 즐겨 찾는지 등을 명확히 알아야 시청자 니즈에 맞는 영상을 제작할 수 있다.

유튜브에서 제공하는 시청자 분석만으로는 한계가 있으므로 이러한 세세한 정보를 얻기 위해서는 실시간 방송이나 댓글로 시청자와 활발히 소통하는 게 좋다. 시청자 댓글을 유도하기 위해서는 동영상 말미에 질문을 던지는 방법도 좋지만, 기본적으로 시청자의 문의에 성실하게 답변하는 자세가 필요하다.

구독자를 늘리려면 최소한 주 1회는 동영상을 업로드하고, 업데이트 간격을 일정하게 유지해야 한다. 또 업데이트 소식을 게시하여 다음 업로드 때까지 시청자와의 관계를 긴밀하게 유지할 필요도 있다.

K뷰티가 전 세계적으로 높은 관심을 끌고 있는 데 비해 국내 뷰티 콘텐츠의 공급은 의외로 적은 편이다. 따라서 뷰티 콘텐츠는 이미 포화 상태라고 지레짐작하지 말고, 관심이 있다면 용기를 내길 바란다.

남들 따라 억지로 공부하는 시대는 지났다. 지금은 내가 즐거운 일을 찾고, 그 일을 지속적으로 할 방법을 고민해야 할 때다. 유튜브는 그런 고민을 하는 사람들에게 최적의 공간이다. 내 주변만 해도 재미 삼아 가볍게 유튜브에 입문했다가 자기 재능을 발견한 사람들이 꽤 많다. 아무리 작고 소소한 재능이라도 그것을 묻어두지 않고 꺼내어 반짝반짝 닦아 세상에 내놓는다면, 반드시 더 화려한 빛을 내며 주목받게 마련이다.

태도가
스타일을
이긴다

이승연과 함께 일하던 시절의 일이다. 그녀가 헤어숍에서 머리를 손보는 동안 나는 평소 나를 예뻐해주시던 네일 아티스트 선생님과 수다를 떨고 있었다.

"근데 샘물아, 너 손톱이 그게 뭐니?"

갑자기 선생님이 내 손을 끌어당겨 손톱을 다듬어주기 시작했다. 난처해하며 선생님에게 손을 맡기고 있는데 누군가 내 뒤

통수에 대고 한마디 던졌다.

"나 참, 개나 소나."

돌아보니 당시에 아주 잘나가던 여자 연예인이 앉아 있었다.

"지금 저한테 하신 말씀이세요?"

내가 묻자 그 연예인은 내 눈을 똑바로 바라보며 대답했다.

"아뇨."

하지만 그 말이 나를 향한 것임은 분명했다. 네일 아트 선생님의 안색이 확 달라진 것만 봐도 알 수 있었다. 톱스타였던 그녀에게는 내가 하찮고 대수롭지 않은 사람이었을지 모른다. 하지만 어떻게 사람이 사람에게 '개나 소나'라는 말을 던질 수 있을까, 누가 그런 권리를 그녀에게 주었을까. 그 당시에는 이 질문을 하지 못했다. 그리고 앞으로도 할 수 없을 것 같다. 이제 그녀는 연예계에서 거의 잊힌 사람이 되었기 때문이다.

메이크업 아트의 본질은
'사람을 대하는 태도'다

《성경》에 '대접받고 싶은 대로 남을 대접하라'(마태복음 7장 12절)라는 말씀이 있다. 나는 메이크업 아티스트로서, 정샘물뷰티의 기업주로서, 한 인간으로서 이 말씀을 늘 가슴에 새기며 산다.

메이크업 아트는 사람을 위한 사람에 의한 일이다. 그러므로 기본적으로 사람을 좋아하고, 귀하게 여기지 않으면 이 일을 할 수가 없다. 샌프란시스코 유학 시절에 나는 종이며 재료를 함부로 버리지 못하는 유일한 학생이었다. 다른 학생들은 그림 그리다 마음에 안 들면 너무나 쉽게 재료를 버리는데, 나는 그런 모습이 불편했다. 내가 알뜰해서가 아니다. 메이크업 아티스트이기 때문이다.

사람을 대상으로 아트를 해온 나는 재료를 폐기하는 데 익숙하지 않다. 살 수도 버릴 수도 없고, 망쳐서도 안 되는 유일한 아트 재료가 바로 사람이다. 그런 의미에서 사람에 대한 존중도 준비도 없이 손재주 하나로 메이크업을 하는 사람은 아티스트라 불릴 자격이 없다.

나는 정샘물아트앤아카데미 오리엔테이션 때마다 수강생들에게 분명히 이야기한다. 메이크업은 절대 쉬운 일이 아니며 가볍게 생각할 일도 아니라고, 만일 그런 마음가짐으로 온 사람이 있다면 빨리 정리하고 관두라고 말이다. 메이크업 아티스트가 되려면 오랜 어시스트 생활을 거쳐야 한다. 사람을 귀하게 여기고 감정까지 매만질 수 있는 아티스트가 되려면 시간이 필요하기 때문이다. 상대의 표정만 보고도 감정 상태가 어떤지, 무엇을 원하는지, 만족도는 어떤지 파악하고 교감할 수 있어야 한다. 이는 메이크업 테크닉만으로는 불가능한 일이다.

사실 메이크업 아티스트 경력이 10년 이상이면 테크닉은 대부분 거기서 거기다. 전문가 눈으로 보면 차이가 보여도 일반인은 잘 모른다. 하지만 일반인도 '사람을 대하는 태도'만큼은 또렷하게 구별한다. 이 사람이 나를 존중하는지 아닌지, 귀하게 여기는지 아닌지, 건네는 말 한마디와 얼굴을 매만지는 손길 한 번에 다 드러난다.

메이크업을 받는 동안 마음이 편하지 않았지만, 결과는 마음에 든다? 이런 일은 거의 없다. 메이크업의 만족도를 판단하는 가장 중요한 잣대가 '존중받는 기분'이기 때문이다.

4차 산업혁명이 도래하면 인공지능이 인간의 일자리를 위협할 거라고들 한다. 하지만 메이크업 아트 분야만큼은 인공지능이 결코 인간을 대체할 수 없으리라 본다. 인간에게는 스킨십에 대한 욕구가 있기 때문이다. 우리는 타인의 따뜻한 체온과 부드러운 손길에서 편안함과 만족감을 느낀다. 오죽하면 '스킨 헝거'(skin hunger)라는 말까지 있을까. 메이크업의 전 과정은 스킨십으로 이루어지는데, 인간이 인공지능 로봇의 손길을 얼마나 편안하게 받아들일지는 의문이다. 10년 전 개발된 자동샴푸기계가 무용지물이 된 데는 다 이유가 있다.

인공지능이 인간 메이크업 아티스트를 대체할 수 없는 또 다른 이유는 교감 능력에 있다. 인공지능이 제아무리 똑똑하다 해도 언어의 미묘한 뉘앙스와 미세한 표정 변화를 인간보다 더 잘 파악하기는 어려울 것이다. 교감을 위해서는 상대에 대한 호기심과 호감이 필수적이다. 이 사람의 내면이 궁금하고, 이야기가 듣고 싶고, 관계의 변화가 기대될 때 비로소 교감이 가능하다. 그래야 메이크업 작업도 만족스럽게 진행할 수 있다.

내가 이 자리까지 올 수 있었던 것은 내 손길에 기꺼이 자기 얼굴을 맡기고, 교감해준 수많은 사람이 있었기 때문이다. 햇병아리 시절에는 친구들이 내 아트의 대상이 되어주었고, 이름이 알려진 뒤에는 '최고의 캔버스'라 할 만한 톱스타들과 함께 작업하는 행운을 누렸다. 정말 감사하고 또 감사한 일이다.

나는 지금 아카데미의 국내외 수강생들과 뷰티 살롱의 많은 직원들을 가르치는 자리에 있다. 하지만 여전히 부족한 게 많다. 늘 사람을 섬기는 자세로, 배우고 감사하면서 한 발자국씩 걸어가려 한다.

메이크업 아트에서 배우는
'관계의 기술'

우리 뷰티 살롱에서 절대로 입에 올리면 안 되는 단어가 하나 있다. 바로 '진상 고객'이다. 때로는 지나치게

요구가 많고 까다로운 고객을 만날 때가 있다. 직원들도 사람이니 그런 고객은 응대하기 어렵고 힘들 것이다. 하지만 어떤 이유에서든 고객에게 '진상'이라는 딱지를 붙여서는 안 된다.

진상 고객이란 결국 서비스에 만족하지 못한 사람이다. 때에 따라서는 부당하게 느껴질지라도 내가 맡은 고객이 만족할 때까지 최선을 다하는 것이 프로페셔널이다. 고객과 교감하여 원하는 바를 파악하고, 모든 테크닉을 총동원해 고객의 만족을 끌어낼 수 있어야 한다. 그런 의미에서 진상 고객이란 없다. 우리가 만족을 주지 못한 고객이 있을 뿐이다.

한번은 직원 하나가 헐레벌떡 내게 뛰어왔다.

"원장님, 큰일 났어요. 고객 한 분이 너무 흥분해서는 무조건 원장님 나오라고 지금 아래층에서 행패 부리고 있어요. 아무래도 약간 '이거' 같아요."

직원은 손가락을 머리에 대고 뱅글뱅글 돌리는 시늉을 했다.

"뭐? 고객한테 어떻게 그런 표현을 해? 너 이따 나랑 이야기 좀 해야겠다."

직원을 가볍게 흘겨보고는 서둘러 아래층으로 뛰어 내려갔다. 나라고 이런 상황이 두렵지 않은 것은 아니다. 계단을 내려가며 내가 그 고객을 섬길 수 있게 해달라고 마음속으로 간절히 기도했다. 그러고는 고객과 눈이 마주치자마자 활짝 웃는 낯으로 인사를 건넸다.

"안녕하세요. 무슨 불편한 일이 있으신가요?"

놀랍게도 한껏 인상을 쓰고 있던 고객의 표정이 순식간에 달라졌다. 격한 감정이 한풀 꺾인 고객은 자기가 왜 화가 났는지 내게 설명하기 시작했다. 나는 열심히 공감하며 고객의 말을 끝까지 다 들었다. 고객이 화를 내는 이유는 대개 직원이 자기 말을 신경 써 듣지 않는다고 여기기 때문이다. 따라서 우선은 고객의 불만을 열심히 듣고 감정에 공감해줌으로써 자신이 충분히 존중받고 있다는 걸 느끼게 해줘야 한다.

"아, 그래서 불쾌하셨군요. 죄송합니다. 그런데 저희 직원이 그렇게 말씀드린 건 이러저러한 사정 때문이었을 거예요. 제가 이렇게 조치해드릴 수 있는데, 어떠신가요?"

이렇게 설득하면 대부분은 사태가 마무리되게 마련이다.

가끔은 메이크업의 전 과정을 자기가 주도하려는 고객을 만나기도 한다. 특정 브랜드 화장품만 쓰겠다고 한다거나 자기가 하던 방식대로 해달라고 주문하기도 한다.

그런데 고객의 마음을 읽고 교감한다는 것은 고객이 하자는 대로 다 한다는 의미가 아니다. 꼭두각시처럼 고객이 하자는 대로 칠하고 바를 사람을 원한다면 굳이 전문가인 내가 존재할 이유가 없다. 하지만 내가 전문가라고 내 말만 옳고, 고객의 의견은 무조건 틀렸다고 해서도 안 된다. 고객의 의견을 최대한 존중하되 때에 따라서는 고객이 납득할 수 있게 충분히 설명해야 한다.

"아, 네. 고객님이 쓰시는 것도 좋은 제품이 맞아요. 그런데 이렇게 점성이 없는 베이스 제품을 바르시면 메이크업이 오래가질 못해요. 오늘은 메이크업이 오래 잘 유지되어야 하니까 이 제품을 발라보시면 어떨까요?"

"네, 이 립 제품을 원하시는군요. 하지만 고객님처럼 입술 색이 다소 진한 경우에는 글로시한 제형이 조금 부담스러워 보일 수 있거든요. 매트한 립 제품이 훨씬 잘 어울릴 것 같은데, 한번 보시겠어요?"

지금은 '갓샘물'이라는 황송한 별명이 붙을 만큼 나를 인정해 주는 분들이 많지만, 초창기에는 나를 못 미더워하거나 아랫사람 부리듯 하는 고객이 종종 있었다. 그런 고객을 설득한답시고 '내가 전문가니까 내 말을 들으세요'라고 하면 오히려 역효과가 날 뿐이다. 메이크업 아트는 어디까지나 대중적인 작업이므로 사람과의 관계가 무엇보다도 중요하다. 그런 의미에서 '메이크업 아트'는 곧 '관계의 아트'다.

의견이 다르면 서로 조율해야 하고, 책임도 같이 져야 한다. 전문가로서 납득하기 어려워도 고객 의견을 무턱대고 무시해서는 안 된다. 고객이 왜 그런 의견을 내는지 이해하고, 대안을 제시하고, 적절하게 조율하는 작업이 필요하다. 전문가랍시고 자존심만 내세울 일이 아니다.

손길에 마음이 담긴다

한번은 다른 숍에서 이직한 직원과 대화를 나눌 기회가 있었다. 그 직원 말로는 원장인 내가 예약 시간 30분 전에 나타나 이런저런 준비를 하는 모습에 무척 놀랐다고 한다. 나는 프리랜서로 일하다가 곧장 뷰티 살롱을 오픈했던 터라 다른 숍에서는 어떻게 일하는지 알지 못한다. 다만 나는 내가 옳다고 생각하는 방식으로 일할 뿐이다.

고객을 위해 최소한 30분 전(필요하면 그 전날부터)에 현장에 나가서 어떤 분이 어떤 상황에서 어떤 옷을 입고 어떤 메이크업을 받을지 콘셉트를 점검한다. 또 필요한 메이크업 제품은 잘 준비되어 있는지, 작업실이 너무 춥거나 덥지는 않은지, 조명은 적절한지, 다과 서비스에 차질은 없는지도 확인한다. 이러한 사전 준비 없이 고객을 맞는다는 건 내게는 상상조차 할 수 없는 일이다.

작업실에 가기 전에는 늘 거울 앞에서 나 자신을 점검한다. 차림새뿐 아니라 마음가짐도 정갈하고 깔끔하게 준비하기 위해서다. 나는 손길에 마음이 담긴다고 믿는다. 음흉한 생각을 하면 손길도 불순해지고, 불친절한 생각을 하면 손길도 사나워진다.

메이크업을 하는 내내 고객은 내 손길을 통해 나의 감정을 고스란히 받아내야 한다. 그래서 나는 고객을 맞기 전에 늘 기도를 한다. 내 손길에 신이 함께 하시기를, 이 사람의 마음까지 신이 매만져주시기를, 그리하여 내 손길을 통해 스스로가 더없이 귀한 존재임을 깨닫게 되기를.

사람은 이용할 대상이 아니라
'섬길' 대상이다

뷰티 살롱에는 불문율이 있다. 말을 옮기지 말라는 것이다. 유명인 고객이 많은 곳이면 특히나 말조심을 해야 한다. 친한 기자들이 유명인들의 가십을 캐려고 내게 연락하는 경우가 종종 있는데, 그럴 때마다 내 대답은 한결같다.

"몰라. 그걸 내가 어떻게 알겠어."

알아도 모르고, 몰라도 모른다. 이 문제에 관해선 직원들도 늘 교육을 철저히 받기 때문에 우리 숍에서 유명인 사생활 정보가 흘러나간 적은 단 한번도 없다. 나는 이것이 고객을 대하는 최소한의 예의이자 배려라고 생각한다.

그러고 보면 우리 직원들은 까다로운 원장을 만나 고생이 참 많다. 내가 그들에게 너무 높은 기준을 요구하는지도 모르겠지만, 실력 있는 아티스트에 머물지 않고 좋은 아티스트가 되었으면 하는 바람 때문이라고 너그러이 이해해주었으면 한다. 내게는 우리 직원들도 언제나 섬김의 대상이다. 직원들이 '내 커리어와 삶과 가정을 여기에서 일구게 되어 참 다행이다' 하고 생각할 수 있도록 늘 최선을 다하려 한다.

사실 회사 운영과 직원 관리는 남편이 큰 그림을 그리고 나는 따라가는 편이다. 나는 한 가지에 몰두해 있으면 다른 일에는 신경을 못 쓰는 성격이라 뭔가에 집중하고 있을 때는 누가 불러도 듣지 못할 정도다. 그래서인지 일에 한창 신경을 쓰는 시기에는 주변에 다소 무심해진다.

이런 나를 보완해주는 사람이 바로 남편이다. 남편은 가끔 다혈질 성향을 보이긴 해도 주변을 매우 세심하게 보살피는 성격이다. 10년 동안 근속한 직원, 얼마 전 아이 돌잔치를 치른 직원, 어머니가 수술한 직원까지 두루두루 다 세심하게 챙긴다. 그런데 어떤 배려든 반드시 내 손을 거쳐 전한다. 그런 남편에게서 사람을 섬기는 더 넓고 깊은 마음을 배운다.

어린 시절 나는 어머니의 화집에서 발견한 렘브란트, 레오나르도 다빈치 등 거장의 인물화에 정신을 못 차릴 만큼 사로잡혀 있었다. 나를 매료시킨 그림은 왜 정물화나 풍경화가 아니라 늘 인물화였을까? 메이크업 아티스트라는 직업은 어쩌면 내 운명일지도 모른다는 생각이 든다.

메이크업을 통해 사람을 섬기면서 나 역시 그들에게 섬김을 받았다. 메이크업을 마친 사람들의 즐겁고 행복한 표정 하나하나가 나의 자긍심이자 자존감이자 존재 이유가 되어주었다. 내 거울 앞에 앉아준 수많은 사람이 나의 친구이자, 스승이자 행운과 행복이 지나가는 통로임을 나는 매 순간 실감한다. 그들이 있어 오늘날의 정샘물이 있음을 늘 잊지 않으려 한다.

움켜쥔
손으로는
아무것도
얻지 못한다

어린 나이에 힘든 시절을 보내면서도, 나 자신과 타인에 대한 믿음을 잃지 않았던 것은 주변의 좋은 어른들 덕분이었다. 빚쟁이들의 독촉으로 집 전화통에 불이 날 때면, 나는 도망가듯 교회로 달려갔다. 그곳에는 미국인 할머니 선교사님이 계셨다. 나를 보면 얼굴에 주름살을 한가득 만들며 환하게 웃어주시던 분. 성함은 잊었지만 짧게 자른 금발머리와 파란 눈동자만은 아직도 기억에 선명하다.

선교사님이 나를 당신 집으로 데려가 손수 쿠키를 구워주신 날이 떠오른다. 수제 쿠키를 먹어보기는 처음이라 어린 가슴이 무척이나 설렜다. 선교사님과 어떤 이야기를 나누었는지는 잘 기억나지 않는다. 다만, 그날 먹은 쿠키의 따뜻함과 달콤함은 방금 맛본 듯 여전히 생생하다. 선교사님은 타지에서 홀로 얼마나 외로우실까, 이렇게 멀리까지 오로지 아이들을 섬기러 오신 그 마음은 무얼까, 쿠키를 씹으면서 혼자 생각에 잠겼던 일도 기억난다.

그 시절 나를 살게 한
손난로 같은 마음들

연세대학교에서 아르바이트를 할 때는 공대 학과 사무실에 근무하시던 사무원 두 분이 나에게 무척이나 친절하게 대해주셨다.

"우리 샘물이 어쩜 그리 야무지게 일을 잘하니?"

나를 볼 때마다 칭찬해주시고 가끔 간식도 챙겨주셨다. 바쁜 일 없으면 잠깐 쉬었다 가라고 의자를 내주기도 하셨다. 나는 그분들을 '언니'라고 부르며 곧잘 따랐는데, 하루는 한 언니가 나를 자기 집으로 초대해주었다. 아르바이트를 마치고 언니와 함께 집으로 갔더니 언니의 부모님께서 환하게 맞아주셨다. 그 집에서 선한 어른들에 둘러싸여 따뜻한 집밥을 먹으면서 '나도 크면 이런 어른이 되어야지'하고 다짐했다.

정작 어른이 되고는 식구들 생계를 책임지느라 언니들을 까맣게 잊고 살았다. 내가 메이크업 아티스트로 자리를 잡고서야 나를 집으로 초대했던 언니와 SNS로 연락이 닿았다. 그렇게 온라인으로만 안부를 주고받을 뿐 좀처럼 만나지는 못했는데, 샌프란시스코로 유학을 가 있을 때 반가운 소식을 들었다.

언니가 부모님과 함께 LA에 사는 동생 집을 방문한 김에 샌프란시스코로 여행을 온다는 것이었다. 마침 내가 꽤 넓은 집에서 지내고 있던 터라 언니 가족 모두를 초대해 묵게 했다. 그리고 그 시절 언니와 부모님이 내게 해주셨던 것처럼 따뜻한 밥 한 끼를 지어 대접해드렸다.

그분들은 아실까. 그때 별 볼 일 없는 한 고등학생에게 내어주신 저녁밥이 그 아이에게 얼마나 든든한 한 끼가 되었는지, 그 온화하고 관용 넘치는 시간을 그 아이가 얼마나 자주 추억했는지…. 샌프란시스코의 내 집 주방에서 환히 웃으시는 그분들을 보며 나는 신에게 기도를 드렸다. 그 시절 좋은 어른들을 만나게 해주어 감사하다고, 지금 그분들을 다시 만나 작게나마 보답할 기회를 주어 감사하다고.

나의 청소년기는 힘들고 각박했지만, 내게 온기를 나누어준 어른들이 있어 늘 따뜻했다. 이제는 공동체의 어른으로서 내가 받았던 온기를 더 많은 이들과 나눌 때다. 정말로 '좋은 어른'이 되어야 할 때다.

나 없이도 잘 돌아가는 회사를 만든 비결

나는 메이크업 아티스트이자 교육자이다. 현재 왕성하게 활동하고 있는 메이크업 아티스트의 상당수가 우리 아카데미 출신이다. 나는 이 사실이 늘 자랑스럽다.

사실 아카데미 수강생들을 보면 나의 어릴 적 생각이 많이 난다. 어린 내가 그랬듯 그들도 자신이 무얼 원하는지, 어떤 삶을 살고자 하는지 잘 알지 못해 남에게 쉽게 휘둘리고 상처 입는다. 목표가 없으니 시간이 무의미하게 흘러가고, 그럴수록 불안감은 커져만 간다. 나도 그런 시절을 겪어봤기에 수강생들 하나하나가 남 같지 않다. 내가 조금만 이끌어주면 그들이 이 불안한 터널을 더 빨리 빠져나올 수 있을 거라는 생각에 하나부터 열까지 다 알려주고 싶다.

뷰티 살롱에서 일하는 제자들에게도 마찬가지다. 오늘 노하우를 하나 깨달았으면 그걸 알려주지 않고는 못 배기겠다. '이 건 나만의 독창적인 아이디어니까!' 하는 생각 따위는 애당초 없다. 할 수만 있다면 제자들에게 좋은 기회를 더 많이 주고 싶 다. 메이크업 아티스트에게 있어 아름답고 개성 있는 얼굴을 가 진 연예인은 그야말로 최상의 캔버스다. 그런 만큼 연예인과 작 업할 기회가 아무에게나 주어지는 것은 아니다. 나는 톱스타와 작업할 때 늘 제자들과 함께하는데, 다른 뷰티 살롱에서는 이런 일이 잘 없다고 한다.

메이크업 아티스트에게 담당 연예인은 일종의 자산과도 같아 서 톱스타를 직원들 손에 맡기는 원장은 좀체 찾아보기 어렵다. 행여 직원이 다른 뷰티 살롱으로 옮기거나 독립하는 경우 그 연 예인을 빼앗길 우려가 있고, 연예인 입장에서도 원장이 아닌 직 원에게 메이크업을 받는 것을 푸대접으로 오해할 수 있기 때문 이다.

하지만 내 생각은 다르다. 제자가 독립하면서 자신이 담당하 던 톱스타를 데리고 간 경우가 있기는 했다. 그래도 나는 그 제 자에게 기회를 준 것을 후회하지 않는다. 스타 몇 명 이탈한다 고 내 입지가 흔들릴 거라고 두려워하지도 않는다. 나 자신이 너무나 힘들게 이 자리까지 올라왔기 때문에 내 제자들만큼은 그런 전철을 밟지 않았으면 좋겠다. 원장이랍시고 최고의 기회 를 독점하고 싶지 않다. 내가 제자들에게 황금 사다리를 내려줄 수 있으면 기꺼이 그렇게 하려 한다.

내가 직접 메이크업하지 않는다고 서운해하는 연예인도 지금 껏 본 적이 없다. 내가 중요한 작업을 함께할 정도면 인성 좋고 자질이 뛰어난 제자들이다. 오랜 시간을 두고 차근차근 제자들이 하는 일을 늘리면 연예인들도 거부감이나 서운함을 느끼지 않는다. 나의 노하우와 기회를 제자들과 공유하는 것은 '선행'이 아니라 '인재 양성'이다. 제자들이 실력을 키워가고 인맥을 쌓을 기회를 줌으로써 결국 아카데미와 뷰티 살롱의 수준을 높이고 좋은 평판을 유지할 수 있었다.

이런 선순환의 효과를 몇 년 뒤에 톡톡히 봤다. 2007년에 내가 유학 가느라 자리를 비웠는데도 톱스타들이 이탈하지 않은 이유가 무엇이었을까? 나의 메이크업 철학과 테크닉을 공유한 제자들이 내가 없는 동안에도 균질하고 우수한 서비스를 제공함으로써 '정샘물 없는 정샘물 인스피레이션'을 지켜냈기 때문이다.

내가 없다는 이유로 회사가 흔들리고 위태로워진다면 그건 내가 그만큼 대단한 사람이라는 뜻이 아니다. 회사 시스템에 문제가 있다는 증거다. 정샘물이 없어도 잘 돌아가는 회사는 그만큼 회사 시스템이 잘 구축되어 있다는 뜻이고, 대표이사인 남편과 직원인 제자들이 제 몫을 잘하고 있다는 뜻이다.

두 아이와 함께하는 시간을 늘리느라 일을 점차 줄이고 있는 요즘도 이런 시스템 덕을 제대로 보고 있다. 만일 내가 모든 기회를 다 움켜쥐고 내놓으려 하지 않았다면 회사 일로 아이들 얼굴을 못 보는 날이 더 많았을 것이다. 누군가와 기회를 나누려고 시작한 일이 결국 나의 부담과 업무를 나누는 고마운 결과를 낳은 셈이다.

새로운 것 하나를 얻기 위해
낡은 것 하나 버리기

몇 년 전 북미 지역 팬 사인회 자리에서 굉장히 놀라운 경험을 했다. 돈이 없어 메이크업 공부를 하지 못했는데, 내 유튜브를 통해 열심히 공부해서 지금은 메이크업 아티스트로 일하고 있다는 사람들이 꽤 많았다. 꽃다발을 들고 찾아와 감사하다며 눈물을 흘리는 여성도 있었다. 내가 힘들이지 않고 한 이 일이 누군가에게는 일생일대의 기회가 되었다는 사실이 놀랍기만 했다. 나는 그저 아주 작은 씨앗을 후 불어 날렸을 뿐인데, 그것이 산을 넘고 바다를 건너 누군가의 작은 뜰에 아름다운 꽃을 피운 느낌이었다.

유튜브를 처음 시작했을 때 주변 사람들로부터 이런 걱정과 우려를 많이 들었다.

"돈 한 푼 안 받고 네 노하우를 이렇게 다 풀어놔도 괜찮아? 영업 기밀이잖아. 네 동영상 보고 배워서 메이크업 아트 하는 사람들도 있다던데?"

나라고 두려움이 아예 없진 않았다. 우리 뷰티 살롱을 사랑해준 많은 이들에게 보답하는 차원에서 시작하긴 했지만, 수많은 연구와 시행착오를 거쳐 얻은 나만의 노하우를 어떤 대가도 받지 않고 불특정 다수 앞에 내놓아도 될지 살짝 걱정스럽기도 했다.

그런데 정말 신기한 일이었다. 노하우 하나를 공유하면 곧바로 새로운 아이디어가 기다렸다는 듯이 떠올랐다. 내 머릿속에 쓰고 또 써도 바닥이 드러나지 않는 화수분이 들어 있는 기분이었다. 내 손에 노하우를 쥐고 있을 때는 굳이 새로운 아이디어를 떠올릴 필요가 없는데, 그 노하우를 떠나보내면 빈손이라는 생각에 더 절박하게 아이디어를 길어 올리는 것은 아닐까 싶었다. 이런 신기한 경험이 잇따르자 나는 깨달았다. 새로운 것을 하나 얻으려면 낡은 것 하나를 버려야 한다는 것을. 이미 무언가를 잔뜩 쥐고 있는 주먹으로는 아무것도 새로 얻을 수 없다는 것을 말이다.

내게는 강연과 멘토링 요청을 거절하지 못하는 고질병이 있다. 나의 작은 선의가 누군가에게는 커다란 기회가 될 수도 있다는 생각에 아무리 바빠도 오케이를 하고 만다. 내가 강연을 또 수락했다고 하면 남편이나 회사 직원들은 한숨부터 쉰다. 강연 준비와 이동에 필요한 시간이 만만치 않을뿐더러 청중의 뜨거운 반응에 휩쓸린 내가 강연을 마치고서 거의 탈진 상태가 되는 경우가 많기 때문이다.

요즘은 아이들과 보내는 시간을 늘리기 위해 강연 요청이 들어와도 예전만큼 흔쾌히 수락하기는 힘들다. 그래도 '여성가족부 청년 여성 멘토링'만큼은 2015년부터 꾸준히 해오고 있다. 시간도 공도 많이 드는 일이라 매년 '아유, 올해까지만 해야지' 하다가도, 이듬해 또 요청이 들어오면 어김없이 수락한다. 초롱초롱한 눈빛의 젊은 멘티들이 눈에 밟혀 차마 거절하지 못하고 멘토링을 해온 게 벌써 5년째다.

말이 멘토링이지 내가 멘티들에게 거창한 무언가를 가르쳐주는 것은 아니다. 나는 그저 각자의 마음속에 작은 조명 스위치가 있다는 사실을 알려줄 뿐이다. 그리고 그것에 손을 뻗으라고 격려할 뿐이다. 스크랩북과 인생 로드맵을 만들면서 자신이 무얼 원하고, 어떤 삶을 살길 바라는지 깨닫게만 해주면 친구들 스스로가 각자의 조명 스위치를 달칵 눌러 마음속에 환히 불을 밝힌다.

세상에 일방적인 관계는 없다. 강연이나 멘토링을 통해 나는 그 평범한 진리를 뼈저리게 실감한다. 내가 뭐라고, 그리도 반짝반짝 빛나는 눈빛으로 나를 봐주는 걸까. 오히려 내가 칭찬을 듣고 위로를 받는 기분이다. 그럴 때면 '내가 지나온 어두운 터널 같은 시간이 무의미하지만은 않구나, 내가 누군가의 터널을 밝히는 작은 불빛 정도는 될 수 있겠구나' 하는 생각도 든다.

청소년 시절에 꿈꾸던 대로 내가 지금 좋은 어른이 되었는지는 잘 모르겠다. 하지만 확실한 것은 내가 예전에 좋은 어른들에게서 받았던 온기를 누군가에게 전달하면, 또 누군가가 그것을 더 따뜻하게 데워 내게 되돌려준다는 사실이다.

그렇게 서로가 서로에게 온기가 되고, 단단한 버팀목이 되면서 살아가는 게 삶인 듯하다. 그래서 우리는 어깨동무를 한 채로 한 치 앞도 내다보지 못하는 매일 매일의 시간을 불안에 떨지 않고 두려움에 지지 않으면서 한 걸음씩 걸어갈 수 있는가 보다.

세상에
작은 온기 만들기

누군가의 작은 호의가 내게 큰 도움이 되었던 경험을 떠올려보자.

1

2

3

4

5

내가 세상에 작은 보탬이 되려면 무엇부터 시작해야 할지 생각해보자.

1 ....

2 ....

3 ....

4 ....

5 ....

CHAPTER 4

진정한 행복에 다가서기

: 따로 또 같이 사랑하는 법

우리는
누구나
반짝일
권리가 있다

매일 오전 8시, 세상에서 가장 까다로운 클라이언트를 상대할 시간이다. 일기예보를 확인하고 날씨에 맞춰 머리부터 발끝까지 걸칠 모든 아이템을 신중하게 선택한다.

오늘 아침은 클라이언트의 기분이 꽤 좋아 보인다. 다행이다. 이때를 놓칠세라 준비한 옷을 얼른 꺼내 보인다. 기대와 달리 클라이언트는 옷이 마음에 들지 않는다며 팔짱을 낀 채 버틴다.

대한민국 톱스타를 상대할 때보다 더 심혈을 기울였는데, 대체 뭐가 문제란 말인가. 하지만 클라이언트는 자기 결정을 가타부타 설명하는 스타일이 아니다. 취향은 확실하지만 그날그날 컨디션에 따라 변덕도 심하다는 걸 지난 몇 년간 충분히 겪어 알고 있다.

작은 별 두 개로
환히 빛나는 나의 일상

그래, 괜찮다. 이런 경우를 대비해 한 세트를 더 준비해놨으니까. 하지만 클라이언트는 이번에도 싫다며 도리질을 한다. 아까부터 스멀스멀 올라오기 시작한 짜증이 마침내 폭발하려는 순간, 곁에 있던 남편이 작게 헛기침을 한다. 진정하라는 뜻이다. 가까스로 마음을 가라앉히고 어떤 부분이 마음에 안 드는지 상냥하게 물어보기로 한다.

"양말."

양말? 그 정도야 별문제 아니다. 얼른 다른 양말을 대령하자 클라이언트는 그제야 만족한 얼굴로 옷을 갈아입곤 현관을 나선다. 세상에서 제일 까다로운 이 클라이언트는 올해 여덟 살난 나의 큰딸 아인이다.

다음은 네 살짜리 둘째 딸 라엘이 차례. 다행히 제 언니보다는 상대하기가 한결 수월해서 입히는 대로 입고 기분도 늘 좋은 편이라고 알고 있었는데, 그건 내 착각이었다. 언니 따라 유치원에 가고부터 라엘이도 슬슬 자기 주장을 내세우기 시작했다. 얼마 전에는 외식을 하다가 라엘이가 윗옷에 음식을 흘리는 바람에 옷을 갈아입히러 급하게 집으로 돌아온 일이 있었다. 시간이 촉박해 서둘러 옷을 갈아입히고 다시 나가려는데, 라엘이가 도리질을 하며 완강하게 버텼다.

"이거 아니야, 이거 아니야."

"뭐가 아니야. 라엘아, 엄마 바빠. 지금 빨리 나가야 돼."

한참을 실랑이하다가 아이가 왜 그러는지 문득 깨달았다. 입고 있던 바지와 새로 갈아입힌 윗옷이 어울리지 않아 못마땅했던 것이었다.

기가 막혔다. 직업병인지 나는 아이들 옷도 대충 입히는 법이 없다. 정신없는 상황만 아니었다면 그 바지에 그 윗옷은 절대 입히지 않았을 테다. 그걸 라엘이가 눈 밝게 알아본 것이다. 이쯤 되면 별수 없다. 옷장을 탈탈 털어서라도 다른 옷을 찾는 수밖에.

가끔은 '대체 쟤들은 누굴 닮아서 저렇게 까다롭고 옷 투정이 심한 거야?' 하는 한탄이 절로 나온다. 그러다가 피식 웃음이 샌다. 누굴 닮았겠어, 날 닮았겠지. 나는 아무거나 입고는 못 나가는 사람이다. 아이들 키우면서 조금 무뎌졌지만, 원래는 머리끝부터 발끝까지 완벽한 차림새가 아니면 외출해서도 내내 불편해하는 성격이다. 시각뿐 아니라 촉각도 예민해서 아무리 예쁜 옷이라도 살갗에 조금이라도 거슬리면 입지 못한다. 이런 내 성격을 아인이, 라엘이가 그대로 물려받았다.

어디 그뿐인가. 아인이가 동그란 자기 볼에 고사리 같은 손으로 제법 야무지게 로션을 바를 때, 라엘이가 도화지에 대담한 색으로 선을 쓱쓱 그릴 때도 '누가 정샘물 딸들 아니랄까 봐' 하는 생각이 절로 든다.

두 아이 덕분에 나는 하루에도 수십 번씩 냉탕과 온탕, 천국과 지옥을 오간다. 새근새근 잠든 두 아이의 이마를 가만히 쓰다듬노라면 아침에 그 난리를 피운 일은 새까맣게 잊히고 오늘 하루 아이들에게 더 많이 웃어줄걸, 더 많이 눈 맞출걸, 하는 후회가 밀려든다.

아이들 웃음이 까르르 터질 때, 아이들이 "엄마!"하고 부르면서 내 품으로 달려들 때, 햇볕 아래서 뛰놀아 따끈따끈해진 아이들의 정수리에 입맞출 때 나는 세상에서 제일 행복한 사람이 된다. 더 건강하고 좋은 사람이 되고 싶어진다.

내 삶의 기쁨이자 희망, 나의 인생 로드맵을 송두리째 흔들어 놓은 두 개의 작은 별, 아인이와 라엘이는 내가 가슴으로 낳은 아이들이다.

케이프타운에서 만난
한 아이에게서 희망을 보다

나는 거의 일 중독이었다. 정신없이 앞만 보고 달리다가 '이제는 아이를 가져야 하지 않을까'하는 생각에 문득 멈춰 선 나이가 마흔 초반이었다. 그런데도 무슨 자신감인지 마음만 먹으면 얼마든지 아이를 가질 수 있을 줄로만 알았다.

오히려 주변에서 걱정이 많았다. 일단 병원 검진부터 받아보라고 했다. 병원에서는 내 나이를 듣더니 자연임신은 힘들다며 시험관이나 인공수정을 권했다. 얼결에 두 번인가 난임 치료를 받았지만 마음이 편치 않았다. 하나님이 오래전부터 예비하신 방법이 따로 있는데, 내가 엉뚱한 곳만 두리번거리고 있다는 생각이 들어서였다.

돌이켜보면 신은 이미 오래전에 그 씨앗을 뿌려두셨다. 2005년 1월 말, 회사 직원들과 남아공 케이프타운으로 여행을 가기로 했다. 몇 년 전부터 직원 격려차 운영해온 '인스피레이션 트래블 프로그램'의 일환이었다. 처음에는 직원 몇 명과 간소하게 떠나려는 계획이었는데, 배우 김태희가 합류 의사를 밝히면서 일이 커졌다. 메이크업 아티스트와 톱 배우가 있으니 포토그래퍼만 있으면 어떤 작업이든 가능한 상황이 된 것이다. 때마침이 소식을 들은 패션잡지 기자가 반색하며 발 빠르게 사진작가 조세현을 섭외했다. 이렇게 해서 케이프타운 여행은 순식간에 패션 화보 출장이 되어버렸다.

케이프타운에 도착하자마자 우리가 향한 곳은 가이드의 집이 었다. 배우 김태희가 온다는 소식에 현지 교민 마흔여 명이 우리를 기다리고 있다고 했다. 떠들썩한 환대 속에서 식탁에 음식이 줄줄이 차려지는 와중에 갑자기 현관 쪽에서 우당탕 소리가 나더니 비명이 울렸다. 곧이어 복면 쓴 사내 대여섯이 팔뚝만한 권총을 들고 들이닥쳤다. 권총은 영화에서만 봤지 실제로 보기는 처음이었는데, 생각보다 너무나 크고 위협적이었다. 머릿속이 하얘지면서 아무 생각도 할 수가 없었다.

강도들이 우리를 에워싸고 한꺼번에 고함을 질러댔다. 자기들끼리 신호가 맞질 않아서 누구는 우리더러 손을 머리 위로 올리라 하고, 누구는 소지품을 몽땅 꺼내놓으라고 해서 혼란스러웠다. 일행 한 명이 소지품을 꺼내려고 주머니에 손을 넣는 순간, 강도가 개머리판으로 그의 머리를 내리쳤다. 동시에 다른 일행도 유리 항아리로 머리를 맞아 피를 흘리며 쓰러졌다. 현장은 비명과 한국어, 영어가 뒤섞인 고함으로 그야말로 아수라장이었다.

현금과 귀중품을 챙긴 강도들은 우리를 화장실에 가둔 채 유유히 사라졌다. 좁디좁은 화장실에 그 많은 사람과 다닥다닥 몸을 붙이고 서 있으려니 숨조차 제대로 쉴 수가 없었다. 폐소 공포로 정신이 아득해질 지경이었다. 다행히 가이드의 아들이 화장실 쪽창으로 빠져나가 문을 열어주는 바람에 기절 직전에 탈출할 수 있었다.

그런 끔찍한 일을 겪었으니 관광이고 촬영이고 의욕이 생길 리 없었다. 경찰 조사를 끝내자마자 돌아갈 항공권부터 알아보았다. 비행기는 3일 후에나 있었다. 그때까지 가만히 있을 수만은 없어서 일단 촬영을 하기로 했다. 차를 타고 촬영지로 향하는데, 차창 너머로 성냥갑처럼 다닥다닥 붙어 있는 케이지가 보였다. 가이드에게 물으니 놀랍게도 사람 사는 집이라는 대답이 돌아왔다.

여행자에게 케이프타운은 온화한 바람에 몸을 맡긴 채 아름다운 자연경관을 즐기는 곳이지만, 현지의 빈곤층 흑인들에게는 각박한 삶의 현장이었다. 그 아이러니한 현실이 새삼 뼈저리게 다가왔다. 도착 첫날 내 눈길을 사로잡았던, 산 중턱에 자리한 고급 별장을 떠올리니 더욱 그랬다. 그간 나는 보고 싶은 것만 보려고 했구나, 엄연히 존재하는 것을 못 본 척 외면했구나. 공포로 새하얘진 머릿속이 다시 채워지는 기분이었다.

이런저런 상념에 빠져 있는 동안 어느새 촬영지에 도착했다. 정신없이 일하다 문득 고개를 돌리니 저만치에 흑인 아이 하나가 서 있었다. 세 살 정도나 됐을까. 변변한 옷 한 벌 걸치지 못하고 지푸라기 같은 걸 치마 삼아 두르고 있었다. 입에 손가락을 물고 나를 빤히 바라보다가 눈이 마주치자 방긋 웃었다. 나도 모르게 고개를 돌려 아이의 웃음을 외면했다. 그 천진한 웃음에 화답할 자신이 없었다. 하지만 아이는 포기하지 않았다. 나와 눈을 맞추길 기대하며 끈질기게 나를 바라보며 서 있었다. 나와 눈이 마주치면 방긋 웃고, 또 마주치면 방긋 웃고…. 아이의 해맑은 미소를 더는 외면할 수 없어서 나도 아이를 향해 웃어주었다. 그러자 아이가 스스럼없이 다가와 내 목을 꼭 끌어안았다.

아이가 작은 팔로 내 목을 감싸는 순간, 나도 모르게 왈칵 눈물이 쏟아졌다. 아무런 대가를 바라지 않는 그 작은 호의와 포옹이 고마워서, 내 편협한 마음이 부끄럽고 미안해서였을 테다. 여기에서 받은 상처를 위로라도 하듯 아이는 오래오래 나를 안아주었다. 그때 나는 분명히 알게 되었다. 아이가 왜 희망이 될 수 있는지를, 그 희망을 우리가 얼마나 소중히 여겨야 하는지를.

아이의 포옹이 남긴 온기는 케이프타운에 머무는 내내 목도리처럼 따뜻하게 나를 감싸주었다. 집으로 향하는 공항에서 나는 남은 돈을 유니세프 모금함에 몽땅 털어 넣었다. 그리고 귀국하자마자 월드비전을 통해 분쟁 지역의 어려운 아이들을 후원하기 시작했다. 미혼모가 아이를 포기하지 않고 기를 수 있도록 자립을 지원하는 일도 돕고, 짬이 날 때마다 대한사회복지회에서 아이들을 돌보는 봉사활동도 했다.

후원하는 아이들이 한 명, 두 명 늘다가 열여덟 명에 이르던 해, 송구영신 예배를 드리고 돌아오는 길에 남편이 말했다.

"올해는 그간 생각만 해오던 걸 실천하는 게 목표야."

"뭘 실천할 건데?"

"우선 당신이랑 대한사회복지회에서 봉사활동을 해보려고."

그렇게 시작한 봉사활동에서 우리 부부는 운명처럼 아인이를 만났다. 오래전 신이 뿌려두신 씨앗이 이제 막 움을 틔우기 시작한 것이다.

사랑은 내가 선택할 수 있는 것이 아니다.
그저 내게 다가오는 것이다.

캐서린 햅번(영화배우)

한 아이의
세상을
바꿀 수만 있다면

오 남매 속에서 복닥복닥 자라며 힘든 일도 많았지만, 좋은 점도 많았다. 나는 가정을 꾸리면 아이를 여럿 낳아 키우고 싶었다. 아니, 낳기만 할 게 아니라 몇 명은 입양하기로 결혼 초부터 남편과 계획해두고 있었다. 다행히 양가 어른들도 입양에 대해 거부감이 없으셨다.

2003년부터 2018년까지 사진작가 조세현이 대한사회복지회와 함께 개최한, 국내 입양 인식 개선을 위한 사진전 〈천사들의 편지〉 작업에 참여한 것도 그런 이유 때문이었다. 김태희, 이효리, 공효진 등이 입양을 기다리는 아기들을 꼭 끌어안고 카메라 앞에 선 모습을 보면 누구라도 머릿속이 복잡해질 수밖에 없다. 어른의 도움 없이는 한순간도 살 수 없는 이 아기들을 누가 다 돌볼까? 이 세상에 쓸모없이 태어나는 생명은 없을 텐데, 이 아이들이 자기의 타고난 가치대로 잘 자라려면 어떻게 해야 할까?

아이를 키우며
세상을 바꿀 힘을 얻다

그때는 알지 못했다. 몇 년 뒤인 2014년, 내가 메이크업 아티스트가 아닌 입양 가족으로 조세현 작가의 카메라 앞에 서게 될 줄은. 지금도 아인이를 처음 만난 순간이 생생하게 떠오른다. 당시 남편과 나는 대한사회복지회에서 신생아를 돌보는 봉사활동을 하고 있었다. 마음 같아서는 다양한 연령대의 아이들을 돌보고 싶었지만, 직업병으로 오십견을 앓고 있었던 탓에 부실한 어깨로도 무리 없이 안을 수 있는 신생아들을 주로 돌볼 수밖에 없었다. 바로 거기서 생후 한 달 된 아인이를 처음 보았다.

아인이를 보자마자 얼마나 놀랐는지 모른다. 남편의 어린 시절 얼굴과 어쩌면 그리도 닮았는지 누가 봐도 붕어빵 부녀였다. 집에 돌아가서도 흥분된 마음은 쉬 가라앉지 않았다. 마치 내아이를 그곳에 떼어놓고 온 것처럼 내내 불안했다. 당장에라도 달려가 아이를 안고 싶은 마음이 굴뚝같았다. 남편 기색을 살피니 그도 나처럼 안절부절이었다. 언젠가 아이를 입양할 생각은 있었지만 구체적인 계획은 없었다. 그런데 그 아이를 보자마자 남편과 나는 깨달았다. 하나님이 예비하신 우리 아이라는 걸 말이다.

그렇게 해서 2013년 2월, 아인이는 우리 식구가 되었다. 입양 절차를 마무리하고 아이를 데려오려면 시간이 다소 걸리는 편이다. 하지만 우리 부부가 봉사자였다는 사실을 감안해 대한사회복지회에서 위탁모 자격으로 아이를 미리 데려올 수 있게 안내해주었다. 시설에서 지내는 것보다 하루라도 빨리 가정을 찾아 엄마 아빠 손에서 자라는 것이 아이의 성장 발달에 더 좋다는 이유도 있었다.

아인이를 처음 우리 집에 데려온 날을 어떻게 잊을까. 3킬로그램이 조금 넘는 아주 작은 생명이 하나 들어왔을 뿐인데 집안 공기가 완전히 달라진 것 같았다. 칭얼거리는 소리, 팔다리를 버둥대는 모습, 작디작은 손가락과 발가락 모두 다 신기하고 예쁘고 감동스러웠다.

한편으로는 매사 불안하고 조심스럽기도 했다. 아기가 추울 것 같아 보일러를 돌리다가도 너무 더운가 싶어 껐다. 공기가 건조한 것 같아 가습기를 틀다가도 너무 습한 건 아닌지 불안했다. 분유를 먹여도 기저귀를 갈아도 아이가 울면 내가 아이 마음도 헤아리지 못하는 못난 엄마인 것 같아 눈물이 났다.

남편은 나보다 한술 더 떴다. 코골이가 있어 아인이와 따로 자야 했지만 새벽 수유 시간이 되면 건너와 직접 분유를 먹였다. 아기를 품에 안고 눈을 맞추는 그 시간이 하루 중 가장 행복하다고 했다. 수유를 하다가 감격에 겨워 눈물을 훔치는 모습도 여러 번 보였다. 그때부터 알아봤다. 남편에게 심각한 '딸 바보' 증세가 있다는 걸.

마흔 초반, 세상을 알 만큼 다 안다고 생각했는데 아인이를 키워보니 그게 아니었다. 바람에 흔들리는 꽃잎을 봐도 창가에서 지저귀는 새 소리를 들어도 그것이 아인이의 눈과 귀에 어떻게 보이고 들릴지 궁금했다. 아인이가 걷고 뛰고 넘어지고 말하고 웃고 우는 모든 순간을 나 또한 마음 졸이고 환호하고 웃고 울며 함께 했다. 그렇게 나와 남편은 부모가 되어갔다.

2017년, 네 살이 된 아인이가 부쩍 동생 타령을 하기 시작했다. "엄마, 나도 동생 낳아줘." 소리를 달고 살았다. 처음에는 그저 유치원에서 동생들을 보니 귀엽고 신기한 마음이 들어 그런가 보다 했다. 그런데 입양 선배들 말로는 아무리 부모가 사랑으로 키워도 아이 마음을 완전히 채워주긴 어렵다고 했다. 아이가 가장 크게 위안과 유대감을 느끼는 대상은 부모가 아니라 함께 입양된 형제자매라는 것이다. 하긴 형제자매란 본래 서로에게 그런 존재 아닌가. 특히 여자에게는 나이 들수록 자매가 큰 힘이 되는 법이다.

그렇지 않아도 남편과 나는 아이를 더 입양하겠다는 마음을 먹고 있었다. 언젠가 둘째를 꼭 입양하리라 생각하던 차에 마침 아인이도 동생을 간절하게 원하니 이때가 둘째를 데려올 적기가 아닐까 싶었다.

남편과 나는 둘째 아이의 부모가 되기 위해 또다시 부모 교육을 받고, 관련 서류를 제출하고, 지루한 행정 처리 과정을 견뎌야만 했다. 그렇게 오래 기다린 끝에 만난 아이가 라엘이다.

라엘이는 보고만 있어도 기분이 좋아지는 아이다. 흥이 많고 늘 신이 나 있다. 용감하고 대담해서 자주 다치기도 한다. 네 살 터울 언니를 너무 좋아하고 언니가 하는 거라면 뭐든 따라 하려 한다. 아인이와 라엘이가 서로를 꼭 끌어안고 잠든 모습을 볼 때마다 안 먹어도 배부르다는 말을 실감한다.

우리 부부는 오늘도 신에게 기도를 드린다. 우리에게 두 아이를 건강하게 키우고 지킬 힘을 주셔서 감사하다고, 두 아이의 세상을 바꿀 힘을 주셔서 감사하다고.

가슴으로 낳은
두 딸을 향한 사랑

"엄마, 나랑 라엘이는 엄마 배에서 나왔지? 나 낳을 때 배 많이 아팠어?"

여섯 살이 된 아인이가 이런 질문을 시작했을 때 남편과 나는 적잖이 당황했다.

아이 질문에 거짓말로 답하고 싶진 않았지만, 그렇다고 입양 사실을 덜컥 밝힐 용기는 없었다. 어린 아인이가 이 사실을 잘 받아들일 수 있을까 확신이 서지도 않았을뿐더러 우리 부부도 마음의 준비가 되어 있지 않았다. 특히 남편은 아인이가 입양 사실을 듣고 어떤 반응을 보일지, 어떤 표정을 지을지 상상만 해도 가슴이 찢어진다고 했다.

그나마 남편보다는 내가 조금 더 차분하게 이 문제를 대할 수 있었다. 나의 롤 모델이자 멘토인 배우 신애라의 조언이 큰 도움이 됐다. 알려진 대로 신애라, 차인표 부부는 딸 둘을 입양해 키우고 있다. 예전에 그녀의 집에 초대를 받아 방문했을 때 두 딸 예은이와 예진이가 나와 아인이에게 집 구경을 시켜주었다. 집 안 구석구석, 아이들이 마음껏 놀게 배려한 티가 역력했다. 특히 아이들의 어린 시절 사진을 콜라주해 벽에 걸어둔 것이 인상적이었다.

예은이와 예진이는 매일 밤 잠들기 전에 자신을 낳아준 부모를 위해 기도한다고 했다. 키워준 엄마 신애라에게도 자주 편지를 쓴단다. 아이들이 쓴 편지에는 자신을 입양해줘서 고맙다고, 엄마가 우리 엄마라서 너무 좋고, 자신이 입양된 것을 기적이라고 생각한다고 적혀 있었다. 예은이, 예진이가 낳아준 부모를 원망하지 않고, 키워준 부모를 온전히 받아들이기까지 신애라 부부가 얼마나 큰 노력을 기울였을지 나로서는 감히 상상조차 할 수 없다.

신애라가 늘 하는 말이 있다. 아이가 자신의 출생을 궁금해하는 것은 너무나 당연한 일이며, 부모는 거짓말을 하거나 회피하지 않고 그것에 대해 최대한 자세하게 대답해줘야 한다는 것이다. 신애라의 말대로 입양은 숨기거나 감출 일이 아니다. 아이가 받을 상처를 부모가 지레짐작해 사실을 숨기려 하면 오히려 더 큰 아픔의 씨앗이 될 수 있다. 특히 사춘기에 부모가 아닌 다른 사람의 입을 통해 입양 사실을 알게 되면 아이가 느끼는 배신감과 상실감은 더욱 크다고 한다.

이런 사실을 잘 알면서도 막상 아이에게 '네게는 낳아준 부모가 따로 있고, 우리는 너를 가슴으로 낳았단다'라고 말하기란 쉽지 않다. 그 말이 아이 마음에 어떤 파장을 일으킬지는 아이 성격과 기질에 따라, 상황과 그날의 분위기에 따라 다를 것이다.

가끔은 이런 생각을 해본다. 아이들은 물론이고 세상을 감쪽같이 속일 수 있다면 얼마나 좋을까. 아인이와 라엘이는 내가 배 아파 낳은 자식이나 다름없는데, 한순간도 내 자식이 아니라고 생각해본 적 없는데, 아무에게도 입양 사실을 알리지 않고 그냥 키울 순 없는 걸까….

　하지만 두메산골에서 꼭꼭 숨겨 키워도 아이들은 언젠가 어디에선가 자기 출생에 대해 듣게 될 것이다. 그렇다면 신애라의 말대로 부모가 직접, 아이가 가장 잘 받아들일 방법으로 입양 사실을 밝히는 것이 유일한 해답이다. 입양 사실을 숨기지 않기로 마음먹은 후 딸들에 대한 우리의 사랑은 더 견고해졌다. 낳아준 부모에 대해서도 감사한 마음을 갖는 아이로 커나갈 수 있도록 온 가슴으로 안아 키우리라 다짐했다.

사랑이란 자기희생이다.
이것은 우연에 의존하지 않는 유일한 행복이다.

톨스토이(소설가)

더 많이
사랑하는
사람이
더 행복하다

아인이가 출생 당시의 일에 호기심을 갖고 이런저런 폭풍 질
문을 퍼붓는 때가 되자 더는 숙제를 미룰 수 없게 되었다. 디데
이를 싱가포르 가족 여행 첫날로 잡고 차근차근 준비해나갔다.
먼저 아인이에게 그림책을 한 권 읽어주었다. 아이 눈높이에서
입양을 다룬, 그레이스 린의 《빨간 실》이라는 책이다(아쉽게도
지금은 절판되어 구하기 어렵다).

옛날 큰 나라를 다스리는 왕과 왕비가 살았는데, 두 사람 다 이유 없이 가슴이 찢어질 듯 아파 고생하고 있었다. 하루는 상인 하나가 찾아와 왕과 왕비의 가슴에 돋은 빨간 실을 무언가가 끌어당기고 있어 가슴이 아픈 거라면서 안경을 건넨다. 안경을 끼자 왕과 왕비는 비로소 자신들의 가슴에 돋아난 빨간 실을 볼 수 있게 된다. 두 사람은 빨간 실을 따라 멀고 험한 길을 떠난다. 빨간 실은 작은 마을의 오두막집, 사랑스러운 아기가 누운 바구니 안까지 이어진다. 왕과 왕비는 아기를 왕국으로 데려와 키웠고, 그때부터는 가슴이 아프기는커녕 기쁨과 행복이 가득했다고 한다.

아가야, 우린 빨간 실을
따라가 너를 만났지

"아인아, 엄마 아빠도 안경을 끼고 있잖아. 이 안경을 끼고 빨간 실을 따라갔더니 거기 아인이가 있었던 거야. 엄마 아빠랑 아인이는 그렇게 만났어."

내가 조심스레 말을 마치자 아인이가 고개를 갸웃했다.

"그럼 난 엄마 배에서 안 나왔어?"

"응, 아인이를 낳아준 엄마는 어딘가에 따로 있어."

"그럼 라엘이는? 라엘이는 엄마가 낳았어?"

"라엘이도 엄마 아빠가 빨간 실을 따라가서 찾은 아기지."

아인이는 자기가 아는 모든 아이의 이름을 대며 '어디에서 나왔는지'를 물었다. 다행히 우리 주변에는 입양 가족이 많았다.

"응, ○○이도, □□이도 아인이랑 라엘이처럼 빨간 실을 따라가 찾은 아기들이야."

아인이는 그제야 납득했다는 듯 고개를 끄덕였다. 아인이가 내 말을 얼마나 이해했는지 나는 알지 못한다. 어쩌면 아인이가 이해하기에는 너무 어려운 이야기였는지도 모른다. 앞으로 찾아올 숱한 밤에 아인이는 그날 일을 떠올릴 것이다. 빨간 실 이야기를 하는 내 목소리와 표정, 분위기를 복기할 것이다. 어쩌면 파장은 그제야 서서히 시작될 수도 있다. 아인이가 전혀 아파하지 않기를 기대하는 것이 아니다. 그저 그날의 일을 다시 기억할 때 자신이 얼마나 사랑받고 있는지, 우리 부부에게 얼마나 소중한 존재인지 함께 떠올리길 바랄 뿐이다.

유치원 선생님 말씀으로는 아인이가 친구들한테 "나는 엄마가 둘이야. 낳아준 엄마랑 지금 엄마. 지금 엄마는 나를 가슴으로 낳았어."라고 아무렇지도 않게 말한다고 한다. 친구들도 아인이 말을 전혀 이상하게 받아들이지 않는단다. 아이들은 어떠한 선입견도 없이 입양 가정을 다양한 가족의 한 형태로 받아들이고 있다. 색안경을 끼는 건 언제나 어른들이다.

육아 8년 차,
나날이 새롭고 나날이 행복하다

언젠가 대학생들을 대상으로 강연을 한 적이 있다. 질의응답 시간에 한 학생이 "메이크업 아티스트, 기업주, 뷰티 살롱 원장. 이 세 가지 커리어 중에 뭐가 가장 중요하세요?"라는 질문을 했다.

"그 세 가지 중 지금 제게 가장 중요한 건 없어요. 저는 지금 딸 둘을 기르고 있어요. 좋은 엄마가 되는 게 저의 가장 중요한 목표입니다."

질문한 대학생이 어리둥절한 표정을 지었다. 하긴 비즈니스 멘토링 끝에 이런 결론이 날 줄은 나도 몰랐다. 나는 조금 더 보충해 설명했다.

"물론 회사도 잘 이끌어야지요. 하지만 직원 각자가 회사를 위해 열심히 일해주고 있어요. 그들이 일을 잘할 수 있게끔 지원하는 것이 제 일이고요. 그렇게만 하면 회사는 잘 돌아가게 되어 있습니다. 하지만 아이들은 달라요. 제 손길이 필요한 나이입니다. 그래서 지금 현재는 가정이 최우선이고, 예술이며 사업은 그다음이에요."

내가 처음부터 이런 생각을 했던 것은 아니다. 아인이를 입양하고 한동안은 육아도 완벽하게 하고, 일도 이전과 변함없이 하려고 안간힘을 썼다. 그린데 남편 생각은 달랐다.

"아이는 금방 자라. 나중에 땅을 치고 후회해도 이 소중한 시간을 다시 되돌릴 순 없어. 그러니까 아인이가 우릴 필요로 하는 시기에 우리가 곁에 있어주자. 일이 먼저고 아이가 뒷전인 건 절대로 안 돼."

남편은 우리 둘 다 일하는 시간을 줄이고, 특히 아침과 저녁 시간은 아이를 위해 비우자고 했다. 남편 말은 맞지만, 평생을 일중독으로 살아왔는데, 게다가 우리가 오너인데, 그게 정말 될까 싶었다. 그런데 정말 됐다. 우리 부부가 일을 줄이면 회사에 큰일이 생길 줄 알았지만, 그런 일은 벌어지지 않았다. 능력 있는 직원들이 자기 자리에서 맡은 바 책임을 다해준 덕분이다.

우리 부부는 모든 스케줄을 두 아이를 중심으로 맞추며 살고 있다. 웬만한 회의는 오전 중에 끝내고 그래도 결정하지 못한 일은 온라인 회의로 대체한다. 해외 출장이나 프로젝트 촬영처럼 며칠씩 집을 비우거나 새벽에 귀가하는 때를 제외하고는 무조건 정시 퇴근해 아이들과 저녁 시간을 보낸다.

늦깎이 부모 노릇이 쉽지만은 않다. 아이들을 키우면서 부부 싸움도 종종 한다. 다른 집처럼 아빠가 육아에 덜 참여해서가 아니다. 오히려 반대에 가깝다. 남편은 매사 눈치 빠르고 예민하고 통찰력이 있는 편이다. 나는 메이크업 아티스트로서는 누구보다 예리한데, 나머지 일들에 관해서는 다소 무심하고 무디다. 남편은 늘 그게 불만이다. 내가 아이들에게 더 예민하게 반응하고 더 세심하게 챙겨주길 바란다.

때로는 훈육 방식의 차이로도 말다툼을 한다. 남편은 무조건 아이들을 감싸주고 품어주려 한다. 그러다 보면 아이들이 알아서 깨달을 거라는 생각이다. 한편 나는 가르칠 건 가르치자는 주의다. 경영철학이나 인생관이 크게 다르지 않은 우리 부부가 유독 아이들 문제로 티격태격한다는 게 신기하다. 때로는 갈등하고, 때로는 조율하면서 우리 부부는 부모가 되어가고 있다.

아인이는 요즘 리듬 체조를 배운다. 대회에 나가 입상도 몇 번 했다. 대회가 있는 날이면 나는 아인이와 친구들의 전담 메이크업 아티스트가 된다. 친구 엄마들이 나를 가리켜 '쓸데없는 고퀄 인력'이라고 놀리지만, 나는 자신이 메이크업 아티스트인 것이 이렇게나 자랑스럽고 기뻤던 때가 또 있었나 싶다.

나는 이렇게나 행복한데, 생각해보면 주변에서 축하한다는 말을 들어본 기억이 없다. 임신하고 출산한 사람에게는 '축하한다'고 하고, 입양해서 아이 키우는 사람에게는 '대단하다'고 한다. "아이를 하나도 아니고 둘이나요? 정말 대단하세요. 좋은 일 하시네요." 나는 이런 말들이 불편하다. 우리 집도 다른 집들과 다를 바 없이 평범하다. 아이들이 있어 웃고, 아이들이 있어 고단함을 잊고, 아이들이 있어 내일을 살 힘을 얻는, 대단할 거 하나 없는 그런 평범한 가정이다. 그러니 '대단하다'는 말 대신 그저 '축하한다'고 말해주었으면 좋겠다.

더 많이 행복하기 위한
'멈춤'의 시간

　　　　　　　그날, 대학생 몇몇은 내 대답에 실망했을지도 모른다. 커리어나 사업보다 가정이 우선이라는 내 말이 시대착오적이고 보수적으로 들렸을 수도 있다. 여성 보스로서 더 진취적인 대답을 해주길 기대했던 대학생이라면 더욱 그랬을 테다.

　내 인생 로드맵에는 여전히 많은 꿈이 별처럼 박혀 있다. 나는 더 많은 일에 도전하고 또 이룰 것이다. 다만 지금은 내 품에 있는 작은 별 두 개가 너무나 밝고 아름다워서 넋을 잃고 바라보는 중이다. 이 별들 덕에 인생 로드맵 일부를 다시 그리고, 어떤 길은 조금 돌아서 가야겠지만 그래도 괜찮다. 나는 지금 내 인생에서 가장 아름다운 별빛과 함께 걷는 중이니까.

　인생의 어느 시기에는 소중한 것을 지키기 위해 혹은 더 먼 길을 떠나기 위해 잠시 멈춰야 할 때가 있다. 하지만 그 멈춤은 정체가 아니다. 우리가 나아가는 이유를 되돌아보게 하고, 새로운 성장을 위한 준비를 하게 한다. 세상에서 가장 아름다운 두 별과 함께하는 나의 이 시간들도 그러하리라.

삶은 우리가 무엇을 하며
살아왔는가의 합계가 아니라
우리가 무엇을 절실하게
희망해왔는가의 합계이다.

호세 오르테가 이 가세트(철학자)

우연은
간절함의
부름을
받고 온다

고등학교를 졸업한 후에도 나는 백화점 점원, 베이비시터, 식당 보조 등 이런저런 아르바이트를 전전했다. 가족들 생계를 책임지느라 닥치는 대로 일하면서도 그 무엇에도 재미나 열의를 느끼지 못했다.

그러다 누군가가 메이크업 아티스트라는 직업이 있다는 사실을 알려주었다. 남의 얼굴에 메이크업을 해주는 전문가가 있다는 건 그때 처음 알았다. 듣는 순간 가슴이 뛰었다. 메이크업 아트는 캔버스가 아닌 사람 얼굴에 아트를 한다는 차이만 있을 뿐 순수미술과 거의 비슷해 보였다. 지금까지 했던 그 어떤 일보다 재미있게 잘할 자신이 있었다.

부푼 마음으로 메이크업 아티스트가 되는 방법을 알아보니 화장품 회사에서 운영하는 '차밍스쿨'이라는 데를 다녀야 한다고 했다. 하지만 차밍스쿨에 등록할 돈이 없었다. 돈을 벌려고 공부를 하려는데, 돈이 없어 공부도 못 한다니….

지금까지 용케 잘 버텨주던 내 마음이 휘청댔다. 스크랩을 하고 장단점 노트를 적어가면서 더 나은 사람이 되길 희망하고 꿈꿔왔는데 날 둘러싼 환경은 어째서 조금도 나아지질 않는 것일까. 나는 정말로 이런 처지에서 영원히 벗어날 수 없는 건지 원망스러운 마음이 들었다.

오늘의 정샘물을 만든,
우연하고 작은 선의

그 무렵 내게 기적이 일어났다. 어떤 희망도 찾지 못한 채 실의에 빠져 겨우겨우 숨만 쉬고 있을 때, 엉터리 극작가의 대본처럼 개연성도 복선도 없이 그 일이 일어났다. 그즈음 어머니가 길에서 여고 시절 동창을 만난 일이 있었다. 그분을 만난 건 정말 우연이었고, 심지어 거의 20년 만이었다. 너무나 반가워서 가던 길을 멈추고 이런저런 서로의 근황을 나누며 자식들 이야기를 하다가 문득 화제가 내 이야기로 옮겨갔다고 했다.

"우리집 쌍둥이 둘째가 기껏 제가 하고 싶은 일을 찾았는데 그걸 배울 돈이 없어서 손 놓고 있어."

"그거 배우려면 돈이 얼마가 있어야 하는데? 너무 큰돈만 아니면 내가 도울 수 있을 것 같은데…."

다급했던 어머니는 염치 불고하고 여고 동창이 내민 도움의 손길을 덥석 잡았다. 그렇게 거짓말 같은 행운과 선의로 나는 차밍스쿨에 등록했다.

차밍스쿨의 코스를 1등으로 마친 나는 본격적으로 일에 뛰어들었다. 다행히 주변에 연극영화과에 다니는 친구들이 많았다. 단역에 캐스팅된 몇몇 친구들의 메이크업을 해주다 보니 점차 연예인 고객이 많아졌다. 그러다 배우 이승연을 만나 '스타 메이크업 아티스트'라는 별명을 얻고, 어느덧 청담동에 뷰티 스튜디오까지 열게 되었다. 그리고 바로 그곳에서 내 수업료를 내주셨던 분의 자제들이 결혼할 때마다 웨딩 메이크업을 전담해드렸다.

가만히 생각해보면 그분과의 인연은 처음부터 끝까지 모두가 기적인 것 같다. 평소 절친했던 것도 아니고 거의 20년 만에 만난 사이에 선뜻 돈을 빌려준 것도 믿을 수 없는 일이고, 내가 그 도움으로 어엿하게 자리를 잡아 그분의 은혜에 작게나마 보답할 수 있었던 것도 감사한 일이다.

만일 당시에 그분의 도움이 없었다면 나는 어떻게 되었을까. 그분의 선의가 있었기에 나는 햇병아리 시절 몇몇에게 수모를 당하면서도 마음을 크게 다치지 않았고, 사람과 자신에 대한 믿음을 끝까지 잃지 않고서 지금까지 일할 수 있었다. 내가 가장 절실할 때 홀연히 찾아와 나를 구원한 작은 기적, 놀랍게도 나는 이후로도 이런 기적을 몇 번이나 더 경험했다.

우연은 어떻게 운명이 되는가

아인이를 처음 만났을 때부터 우리 부부는 운명을 직감했다. 어린 시절의 남편과 닮아도 너무 닮은 아인이는 누가 뭐래도 우리 딸일 수밖에 없는 아이였다.

아인이라는 이름을 지어주기 전에 우리는 아이를 '사랑'이라는 예명으로 불렀다. 그러다 정식으로 이름을 지으려니 마음에 쏙 드는 이름이 떠오르질 않아 고민이었다. 남편은 내 이름을 따서 아이 이름도 '샘물'로 짓고 싶다고 했다. 남편 마음은 고마웠지만, 우리나라에서는 엄마 이름을 따서 딸 이름을 짓는 경우가 흔치 않아 조금 부담스러웠다.

한참 고민하다가 다른 사람에게 도움을 청하기로 했다. 그때 우리 부부가 거의 동시에 떠올린 사람이 있다. 친구이자 신앙 멘토인 정근진이다. 그는 시카고 음악학교 교장이자 클라리넷 연주자로, 우리 부부와는 서로의 가족을 위해 기도해주는 막역한 사이다.

그에게 부탁하기 위해 휴대전화를 손에 드는데, 갑자기 휴대전화가 부르르 떨리며 액정에 '정근진'이라는 이름이 떴다. 우리가 그를 필요로 하는 순간 거짓말처럼 그에게서 전화가 걸려왔다. 놀란 마음을 가까스로 진정시키며 전화를 받았다. 평상시처럼 안부를 묻는 그에게 우리 아이의 이름을 지어달라고 부탁했다. 그는 잠시 아무 말도 하지 못하다가 잠긴 목소리로 자신에게 이런 부탁을 해줘서 너무 기쁘다고 말했다.

그리고 20분 후쯤 그에게서 다시 전화가 왔다. 성경 안에서 좋은 이름을 몇 개 뽑아보았다고 했다. 그 이름 중 하나가 '아인'(Ayin)이었다. 첫 번째 뜻은 '하나님의 눈동자', 그리고 두 번째 뜻이 '마르지 않는 샘물'이었다. '아인'이라는 이름에 담긴 뜻을 듣자마자 남편과 나는 가볍게 몸을 떨었다. 아이 이름을 '샘물'로 짓고 싶었다는 말을 입 밖에 꺼낸 적도 없는데, 그는 어떻게 알고 이 이름을 지어 우리에게 보내주었을까. 놀랍고 또 놀라웠다. 남편도 나도 다른 이름은 들을 필요를 느끼지 못했다. 우리 아이 이름은 무조건 '아인'이었다.

아인이와 관련해서 우연치고는 너무나 놀라운 일이 또 있었다. 남편은 아인이가 '아빠' 소리를 하기도 전에 훗날 입양 사실을 밝힐 일을 걱정했다. 그 순간만 생각하면 가슴이 미어진다고 했다. 그즈음 배우 신애라가 방송에 나와 자신이 입양한 아이들 이야기를 들려주었다. 그녀에게도 우리와 같은 고민이 있었겠지만, 아이들에 대한 세심한 배려와 한결같은 믿음으로 무사히 그 시간을 통과한 것 같았다.

입양은 당사자인 아이에게 숨길 일도 아니고, 숨겨서도 안 되는 일이라고 말하는 신애라에게서 나는 자신과 세상에 대한 단단한 믿음을 가진 사람 특유의 안정감과 자신감을 보았다. 그녀를 만나고 싶은 마음이 간절했다. 만나서 도와달라고 하고 싶었다. 하지만 당시만 해도 나는 신애라와 친분이 전혀 없었다. 얼굴 한번 본 적 없는 사람에게 무턱대고 도움을 청할 수도 없는 노릇이고 난감하기만 했다.

이튿날, 나는 머릿속으로 그녀와 연락할 방법을 이리저리 궁리하면서 아인이를 어깨띠로 안은 채 장을 보고 있었다. 에스컬레이터를 타고 천천히 식품 코너를 향해 내려가는데, 계단 아래에 서 있는, 하얀 원피스를 입은 한 여성이 내 눈길을 낚아채듯

잡아끌었다. 유심히 보니 놀랍게도 신애라였다! 나는 무언가에 홀린 듯 그녀에게 다가가 손을 덥석 잡았다. 신애라가 깜짝 놀라 나를 바라보았다. 그제야 정신이 들어 속사포처럼 말을 쏟아냈다.

"아, 신애라 씨, 놀라셨죠. 정말 죄송해요. 저는 메이크업하는 정샘물이에요. 얘는 아인이고요. 제가 입양한 딸이에요."

다행히 신애라가 "아, 맞아, 나 샘물 씨 알아요." 하면서 알은 체를 해주었다. 그러면서 내 품에 안긴 아인이에게도 따뜻하게 인사를 건넸다. 그렇게 거짓말처럼 신애라와 나의 인연이 시작되었다. 그 자리에서 연락처를 주고받은 우리는 며칠 후 만나 이내 마음을 터놓는 언니 동생 사이가 되었다.

신애라와 처음 만난 날, 남편에게 전화를 걸어 이 놀라운 사실을 전했다. 남편은 처음에는 그런 일이 어떻게 일어날 수 있느냐며 믿지 않았다. 사실임을 재차 확인받고도 믿기 어려워했다.

"어떻게 이런 기막힌 우연이 다 있나. 여보, 이건 신이 우리를 위해 준비하신 일이야. 그렇게밖엔 설명할 수가 없어."

믿기 어려운 우연이 여러 번 겹치면 더는 우연이 아니라 운명이 된다. 우리 부부는 아인이를 '신이 오래전부터 우리를 위해 준비하신 운명 같은 아이'로 받아들였다. 그리고 그 운명을 우리에게 주신 신께 매일 감사의 기도를 드리고 있다.

그저 운이 좋아 얻는
기회는 없다

얼마 전 KBS2TV〈아이를 위한 나라는 있다〉에 출연해 두 아이의 입양 사실을 언급했다가 악성 댓글에 시달렸다. 원래는 댓글을 잘 읽지 않는데, 우연히 몇몇 악의적인 글을 발견하고 말았다. 아이들 팔아 사업하느냐는 저급한 댓글은 마음 쓸 가치조차 없었지만, 입양 사실을 공개할 때 아이들한테 허락은 받았냐는 댓글은 정말 뼈저리게 아팠다.

입양 사실을 당사자인 아이에게 알리는 것과 주변에 알리는 것은 엄연히 다른 문제다. 입양에 대한 건강한 인식을 가진 사회에서는 고민할 필요도 없는 문제겠지만, 주변에 입양 사실을 알리는 데는 더 많은 배려와 신중함이 요구된다. 아이가 동의할 때, 아이가 원하는 사람에게만 그 사실을 알리는 것이 가장 바람직하다. 하지만 정샘물의 아이들에게는 선택의 여지가 없다. 입양 사실을 감추려야 감출 방도가 없다.

이런 상황에서 내가 할 수 있는 일은 무엇일까? 내 아이들을 보호한답시고 입 다물고 숨어 사는 것이 최선일까? 아니다. 그보다는 미약하나마 내가 가진 영향력을 동원해 입양에 대한 편견을 걷어내고자 노력하는 편이 낫다. 내 주변만 해도 우리 가족이 사는 모습을 보고 입양을 결심한 사람이 둘이나 된다. 어떻게 생각하면 우리 아인이와 라엘이가 두 명의 아이들에게 새로운 가정과 부모를 찾아준 셈이다.

이런 생각을 뚝심 있게 잘 지켜내다가도 그날은 악성 댓글로 내내 마음이 어지러웠다. 몸과 마음이 다 아파 금방이라도 쓰러질 것 같았지만, 아이들을 재운 뒤 언제나처럼 성경 어플을 열었다. 그리고 거기 적힌 말씀을 읽고는 그만 울음을 터뜨리고 말았다.

'그러므로 그 어떤 무기도 너를 해치지 못할 것이며 그 어떤 사람이 너를 비난하여도 너는 반박할 수 있을 것이다. 이것은 내가 내 종들을 변호하고 그들에게 승리를 주기 때문이다.'(이사야 54장 17절)

우연히 펼친 성경 어플에서 어떻게 이런 말씀을 발견할 수 있었을까. 누군가 바로 곁에서 내 마음을 들여다보기라도 한 것처럼 어떻게 이런 일이 일어날 수 있었을까. 내 인생이라고 해서 내게 일어난 모든 일을 통제할 수 있는 것은 아니다. 내 의지나 노력과는 별개로 그 어떤 불가사의한 힘이 작용하는 일이 반드시 있다. 누군가는 그것을 '신이 행하신 일'이라 하고, 또 누군가는 '기적'이라 할 것이며, 또 누군가는 그저 '행운' 또는 '우연'이라 할 것이다.

한 가지 확실한 점은 간절함이 없으면 그 어떤 일도 기대할 수 없다는 것이다. 어머니의 여고 동창이, 배우 신애라가, 우연히 펼친 성경 한 구절이 내게 기적이 되었던 것은 그만큼 당시의 내가 간절했기 때문이다. 내 인생이 바뀌기를, 내가 더 강해지기를 그만큼 간절히 바라고 바랐기 때문이다.

내가 할 수 있는 최선을 다하고 결과는 하늘에 맡기는 상황이라면 언제나 간절한 사람이 이긴다. 간절하게 바라고 기도하는 사람이 이긴다. 인생 로드맵에 새긴 꿈이 마침내 이루어지는 그 마법 같은 일도 결국은 간절함이 만들어내는 것이다. 그저 운이 좋아 얻는 기회는 없다. 간절함의 부름 없이는 우연한 기회는 절대 오지 않는다. 오로지 열망과 간절함만이 우리 자신에게 기회를 만들어준다.

혼자 꾸면
꿈이지만,
같이 꾸면
현실이 된다

업무와 가족 휴가를 겸해 가끔 싱가포르에 간다. 싱가포르는 다양성을 존중하는 문화가 참 인상적인 곳이다. 아인이가 다니는 영어 캠프만 봐도 그렇다. 모든 아이가 신이 나서 펄쩍펄쩍 뛰며 노는데, 한 아이만 따로 앉아 헤드폰을 끼고 있었다. 알고 보니 교사가 유난히 청각 자극에 민감한 아이를 보호하기 위해 소음 차단 헤드폰을 제공한 것이라고 했다. 그 아이뿐 아니라 모든 아이가 성향에 따른 적절한 보살핌을 받는다. 백 명의 아이를 백 가지 방법으로 보살핀다고 보면 된다.

식단이야 두말할 나위도 없다. 전담 교사가 사전에 아이의 음식 알레르기 유무, 약물 복용 여부를 묻고 그에 따라 피해야 할 음식이 있는지 확인한다. 식당에서 제공하는 모든 음식에 빠짐없이 성분 표시가 되어 있고, 알레르기 섹션도 따로 관리하고 있다.

개성과 다양성이
존중받는 세상을 꿈꾸며

얼마 전 신문에서 감동적인 뉴스를 읽었다. 네 살짜리 자폐아 브랜든이 비행기에서 너무 불안해진 나머지 앞 좌석을 발로 차고 바닥에 드러눕는 등 소동을 피웠는데, 승무원과 승객들이 목적지에 도착하는 순간까지 아이를 따뜻하게 배려해주었다고 한다. 한 승객이 브랜든의 부모 손에 건네준 쪽지에는 이렇게 적혀 있었다.

'당신 가족은 사랑받고 있습니다. 남들에게 짐이 된다는 생각은 절대로 하지 마세요. 아드님은 축복입니다.'

이렇게 자신의 모든 성향을 인정하고 수용하는 사회에서 자란 아이는 누군가를 배척하지도, 차별하지도 않고 다양성을 존중하는 어른이 될 것이 분명하다. 그리고 자기 아이도 그렇게 키울 것이다.

안타깝게도 우리 사회에는 그런 성숙한 문화가 완전히 자리 잡진 못한 것 같다. 나는 감각이 예민한 편이라 어른들에게 늘 유난스럽고 까다로운 애라는 핀잔을 들으며 자랐다. 하도 그러니까 나중에는 힘들고 불편해도 그냥 참는 것이 습관이 되었다.

벌써 30~40년도 더 된 이야기지만, 여전히 우리 사회에는 누군가가 나와 조금만 달라도 낙인찍고 배척하는 분위기가 남아 있다. 그런 일을 피하려면 내가 그랬던 것처럼 자신을 드러내지 않아야 한다. 자신을 숨기고 미워하고 인정하지 않아야 한다.

나는 해마다 5월이면 마음이 불안하고 초조하다. 유치원에서 '가정의 달'이라는 이유로 한 달 내내 가정과 가족을 주제로 수업을 진행하는데, '부모와 아이로 이루어진 혈연 가족'만을 전형으로 다루는 경우가 많기 때문이다. 입양 가정, 재혼 가정, 한부모 가정, 조부모 가정, 다문화 가정 등은 수업에서 거의 다뤄지지 않는다. 그러니 소위 '정상 가족' 안에 포함되지 않는 아이들은 소외감을 느끼고 상처를 받지 않을까 염려된다.

다행히 아이들이 다니는 유치원은 교사와 학부모 간의 신뢰가 두텁고, 의사소통이 잘되는 편이라 선생님들과 상담을 자주 하고 있다. 가족 관련 수업을 할 때 아인이 반응이 어떤지, 반 친구들이 아인이를 바라보는 시선은 어떤지 여쭤보고, 아인이가 소외감이나 이질감을 느끼지 않도록 다양한 가족 형태를 다루어 달라고 부탁드린다. 외국 여행 때마다 가족의 다양한 형태를 다룬 그림책을 사 와서 유치원에 기증하기도 한다. 이런 노력이 효과가 있었는지 다행히 아인이도 주변 친구들도 입양 가족에 대해 건강하게 인식하고 있는 것 같다.

다양성을 인정하지 않는 사회는 인재상도 획일적일 수밖에 없다. 이런 내용을 다룬 TV 다큐멘터리에서 누군가가 인상적인 말을 했다. '테트리스를 할 때 늘 똑같은 조각이 나오면 게임은 끝난다. 다양한 조각이 나와야 아귀를 맞추고 공간을 채울 수 있다.'

이 말처럼 우리 사회도 테트리스 게임과 같은 면이 있다. 다양한 가치와 취향을 인정하지 않는 사회는 같은 조각이 산처럼 쌓인 테트리스 게임처럼 위기에 처할 수밖에 없다. 개개인의 시각과 취향을 존중하는 사회만이 건강하게 발전할 수 있다.

저마다 각자의 자리에서 자기가 할 수 있는 만큼만 노력해도 세상은 조금씩 변한다. 다양성을 존중하는 사회를 만들기 위해 내가 할 수 있는 일은 무엇일까? 그 고민이 나를 퍼스널 컬러와 개인의 고유한 아름다움에 주목하게 한 것 같다. 나는 직업상 유행에 민감한 사람일 수밖에 없지만 내게는 늘 유행보다 개인의 고유성이 먼저다. 자신을 잘 모른 채로 무작정 유행을 좇는 것과 자신을 잘 이해하고 유행을 활용하는 것은 천지 차이다.

자신의 고유성을 발견하고 이해한 사람만이 타인의 고유성도 인정할 수 있다. 그리고 이런 개인이 모이고 모여 개성이 존중받고 다양한 가치가 공존하는 사회가 만들어진다. 그런 사회에 한 발자국씩 다가갈 수 있도록 나도 내가 선 자리에서 내가 할 수 있는 최선을 보태며 살고 싶다.

혼자서는 불가능한 일도 '함께'라면 이룰 수 있다

정샘물 플롭스(plops)를 오픈하기 전날, 아주 특별한 꿈을 꾸었다. 꿈에서 나는 작은 배를 타고 흙탕물을 지나고 있었는데, 더럽다는 생각은 하나도 들지 않았다. 물은 맑아져서 따뜻한 온천수가 되었다. 그러더니 나를 태운 작은 배는 곧 바다를 만났다. '아, 바다네' 하고 감탄하는 순간 잠에서 깼다.

중요한 일을 앞두고 꾼 꿈이라 예사롭게 느껴지지 않았다. '플롭스'는 '퐁당'이라는 뜻이다. 그 앞에 내 이름 '샘물'까지 붙였으니 여러모로 물과 관련한 이미지이긴 하다. 그래서 흙탕물이며 온천수, 바다까지 온통 물이 가득한 꿈을 꾼 걸까.

그런데 내 꿈 이야기를 들은 남편의 생각은 달랐다. 나를 태운 배가 흙탕물을 지나 온천수를 만난 것처럼 우리 브랜드는 앞으로 세상을 맑고 따뜻하게 만드는 데 일조할 거라고, 또 배가 마침내 바다에 당도한 것처럼 우리 브랜드도 그렇게 제 역할을 다함으로써 더 크게 성장할 거라고 해석했다.

나는 남편의 해석이 마음에 들었다. 풍덩하고 던져진 작은 돌멩이가 호수에 잔잔한 파문을 그리는 것처럼 나와 나의 브랜드가 세상에 작게나마 영향력을 발휘할 수 있었으면 좋겠다고 늘 생각해왔다. 흙탕물을 맑게 바꾸는 정도까진 못 되어도 내가 던진 작은 돌멩이가 굳세고 단단한 편견과 마음의 벽에 작은 흠집이라도 낼 수 있기를, 내가 그런 작은 힘을 갖게 되길 바라왔다.

그런 마음으로 준비하고 있는 것이 바로 '선영모'(선한 영향력을 가진 엄마들의 모임)다. 배우 신애라 등 각계각층에서 열심히 일하고 있는 엄마들과 함께 저마다의 선한 영향력을 모아볼 생각이다. 엄마들 모임이니 관심사는 당연히 아이들이지만, 우리의 시선은 '내 아이들'이 아니라 '세상 모든 아이'로 향해 있다.

우리는 내 아이와 남의 아이를 구별하고, 내 아이가 남의 아이를 이기길 바라고, 내 아이 주려고 남의 아이 것을 빼앗는 어른이 아니라, 세상 모든 아이가 행복하게 제 권리를 누릴 수 있게 돕는 어른이 되고자 한다.

여러 활동을 하겠지만, 신생아의 위탁 및 입양을 홍보하는 일을 가장 중심에 두지 않을까 싶다. 나와 신애라를 포함한 선영모 멤버 대부분이 입양 가정을 이루고 있다. 우리가 그랬던 것처럼 더 많은 사람이 입양을 통해 충만하고 행복한 가정을 꾸릴 수 있도록 도울 생각이다.

아이를 키워본 부모라면 누구나 알겠지만, 아이는 그야말로 무한대의 사랑과 관심을 요구하는 존재다. 시설에서 사회복지사들이 아무리 신념과 사명감으로 일해도 아이 한 명 한 명에게 무한대의 사랑과 관심을 쏟기란 물리적으로 불가능하다.

'아이 하나 키우는 데는 온 마을이 필요하다'는 아프리카 속담도 있지만, 신생아에게는 오로지 한 사람만 있으면 된다. 먹이고 씻기고 재우고 웃어주고 쓰다듬고 안아주고 말 건네줄 한 사람, 온 마음을 다해 사랑해줄 그 한 사람으로 족하다.

나의 미약한 힘으로 세상 전체를 바꿀 수는 없다. 하지만 우리의 힘과 뜻이 모이면 적어도 한 아이의 세상은 바꿀 수 있다. 더 나아가 우리가 사는 세상에 좀 더 따뜻한 온기를 불어넣을 수는 있다. 두 아이를 키우면서 나는 연대의 힘과 더 넓은 세상으로 향하는 시선의 중요성을 깨달았다.

'멀리 가려면 함께 가라'는 말의 의미를 깨닫고 실천하게 해준 나의 두 딸 아인이와 라엘이. 사랑하고 또 사랑한다.

자신이 한때 이곳에 살았음으로 해서
단 한 사람의 인생이라도 행복해지는 것
이것이 진정한 성공이다.

랄프 왈도 애머슨(사상가, 시인)

사랑함으로써만
알게 되는
생의 가치

　　연세대학교 언론홍보영상학부 김주환 교수의 《회복탄력성》
에서 흥미로운 연구 결과를 제시했다.

　　'회복탄력성'이란 역경과 어려움을 이겨내는 긍정적인 힘으
로, 하와이 군도 카우아이 섬에서의 연구를 통해 확립된 개념이
라고 한다. 카우아이섬은 1950년대만 해도 매우 가난하고 불우
한 곳이어서 주민 대부분이 범죄자나 알코올 중독자였다. 그러

나 이런 열악한 환경 속에서도 아무런 문제 없이 모범적으로 성장한 사람들이 있었다.

심리학자 에미 워너(Emmy E.Werner) 교수는 40년에 걸친 연구를 통해 이들이 사회에 잘 적응하고 훌륭하게 성장한 비밀이 회복탄력성에 있다고 밝혔다.

워너 교수에 따르면, 이들의 유년 시절에는 공통점이 하나 있었다. 이들에게 이해와 지지를 아끼지 않는 어른이 반드시 한 명은 있었다는 점이다. 부모가 아니어도 상관없다. 조부모, 삼촌, 교사, 이웃 그 누구라도 괜찮다. 아이를 무조건 지지하고 믿어주는 사람이 딱 한 명이라도 있으면 아이는 어떤 역경에도 굴하지 않는, 회복탄력성이 있는 사람으로 자랄 수 있다.

이처럼 어른에게는 한 아이의 인생을 송두리째 바꾸어놓을 힘이 있다. 한 아이가 세상을 믿고, 타인을 배려하고, 자신을 사랑하게 만들 힘이 나에게도 당신에게도 있다. 그 힘을 내 핏줄, 내 배로 낳은 아이 말고 다른 아이들을 위해서도 써보자는 것이 선영모의 제안이다.

'입양으로 세상 전체를 바꿀 수는 없지만, 한 아이의 세상은 바꿀 수 있습니다.' 입양의 날 기념행사의 표어다. 우리가 그렇게 아이 한 명, 한 명의 세상을 바꾸다 보면 언젠가는 세상 전체를 바꿀 날도 있으리라고 나는 믿는다.

그렇게 어른이 되고,
그렇게 엄마가 된다

얼마 전 인기리에 방영된 드라마가 입양에 대한 부정적인 시각을 드러내 매우 아쉬웠다. 극 중 입양아로 설정된 인물은 자신이 엄마한테 버려졌고, 그 사실 하나로 평생 허기진 채 아득바득 살아왔다고 말한다. 입양아는 매일 시험 보는 기분으로 눈치 보며 살아야 한다는 대사도 나온다.

과연 그럴까? 친모가 독한 마음을 먹었다면 아마 아이는 세상에 태어나지도 못했을 것이다. 하지만 친모는 갖가지 불이익을 감수하면서까지 아이를 포기하지 않았고, 그 결과 아이는 새 가족을 얻었다. 그래서 우리는 입양아를 '버림받은 아이'가 아니라 '지켜진 아이'라고 부른다.

친부모에게 학대당하는 아이들 소식이 연일 신문에 실려도 우리는 친부모 밑에서 자라는 모든 아이를 불쌍하다고 하지 않는다. 그저 일부의 이야기라는 걸 잘 알기 때문이다. 마찬가지로 입양 가정에서 행복하지 않은 아이들도 그저 일부다. 하지만 우리는 몇몇 불행한 입양 사례를 부풀려 일반화한다.

핏줄로 맺어진 가족이 아니면 끈끈하지도 견고하지도 않다고 섣불리 단정한다. 입양아는 매일 시험 보는 기분으로 산다고? 나는 친부모가 자기 기대에 부합하지 못한다는 이유로 자식을 학대하고 인정하지 않는 경우를 많이 보았다. 부모의 경제력과 학력이 높을수록 더욱 그랬다. 아이가 매일 시험 보는 기분으로 사는 것은 입양 가정이냐 아니냐의 문제가 아니라 '부모의 인성' 문제다. 입양 부모라고 아이를 조건에 따라 사랑하는 것은 아니다. 아이가 나를 닮아서, 내 기대대로 자라줘서, 말썽부리지 않아서 사랑하는 것이 아니다. 그냥 내 아이니까 사랑한다. 그 존재 자체로 충분히 사랑받을 만하니까 사랑한다. 세상 모든 부모가 자기 자식을 사랑하는 것과 똑같은 방식으로 입양 부모도 입양한 아이를 사랑한다.

홀트국제아동복지회 설립자인 버다 홀트(Bertha Holt)는 자신의 일평생을 부모 없는 아이를 위해 바쳤다. 한번은 입양한 아이 하나가 아파서 병원에 데려갔더니 유전병 진단이 나왔다고 한다. 버다 홀트는 깜짝 놀라 이렇게 외쳤다.

"우리 집안에는 그런 병이 없는데요?"

아이를 입양했다는 사실을 까맣게 잊고 있었던 것이다.

나 역시 평상시에는 아인이와 라엘이를 입양했다는 사실을 의식하지 못한다. 단 한번도, 꿈에서라도 내 자식이 아니라고 생각해본 적이 없다.

누군가는 내 말이 의심스럽다고 한다. 자기 자식을 낳아보지도 않고 어떻게 입양한 아이를 내 자식처럼 사랑한다는 말을 할 수 있느냐고 한다. 나라고 그런 의심을 해보지 않았을까? 내 배

아파 낳은 자식이 있었어도 아인이, 라엘이를 똑같이 사랑할 수 있었을지 나 자신을 의심하고 또 의심했다. 그러나 백 번을 자신에게 물어도 대답은 같았다. 내가 아인이와 라엘이를 사랑하는 마음보다 더한 마음이 세상에 있을까 싶다. 내 말이 정 의심스럽다면 배 아파 낳은 아이와 입양한 아이를 함께 키우고 있는 다른 입양 부모들의 말을 들려주고 싶다. 배우 신애라를 포함한 많은 입양 부모들이 한결같이 하는 말이 있다. 낳았든 입양했든 부모에겐 그저 똑같이 소중한 아이들일 뿐이라고.

임신과 출산을 겪어야만 부모가 되는 것은 아니다. 아이를 품에 안고 그 까만 눈동자를 들여다보면서, 열이 나는 아이 몸을 밤새 물수건으로 닦아주면서, 아이와 길가에 나란히 쭈그리고 앉아 개미를 구경하면서, 유치원 가는 첫날 아이 몰래 눈물을 훔치면서 우리는 부모가 된다. 아이와 보내는 그 시간들이 차곡차곡 쌓이면서 그렇게 우리는 가족이 된다.

높은 산이 아닌 오름직한
동산이 되고 싶다

언젠가 입양에 관한 다큐멘터리를 본 적이 있다. 프랑스에서 와이너리를 운영하는 부모가 한국인 형제를 입양해 키웠는데, 그 아이들이 자라 가업을 잇고 있었다. 형제는 옛 방식 그대로 전통을 유지하며 와인을 만들고 있다고 했다. 인터뷰에서 형제의 양부모는 이렇게 말했다. 중요한 건 핏줄을 계승하는 것이 아니라 '가족의 정신'을 계승하는 거라고.

나도 우리 가족이 사는 모습을 통해 보여주고 싶다. 세상에는 핏줄이 아닌 빨간 실로 연결된 가족도 있다는 걸, 가족은 핏줄이 아니라 함께한 시간으로 묶인다는 걸. 매체를 통해 입양 사실을 거듭 밝히는 일이 결코 쉽진 않지만, 그럼으로써 단 한 사람이라도 입양에 대한 선입견을 없애고 마음의 문을 열 수 있다면, 더 나아가 한 명의 아이라도 가정을 찾을 수만 있다면 기꺼이 감수할 수 있다.

누군가는 나더러 대단하다고 한다. 누군가는 손사래를 치면서 "난 너처럼은 못해."라고 한다. 하지만 나는 그리 대단한 사람이 아니다. 열일곱 살부터 꿈꿔오던 일들을 아주 조금씩 이뤄가는 동안 내가 누린 행운과 은총과 응원과 격려를 다른 누군가에게 전해주고 싶을 뿐이다. 내가 다른 아이들을 살피면 우리 집 아이들도 누군가가 살펴주리라는 믿음, 그렇게 '우리'의 범위가 조금씩 넓어지리라는 믿음이 있을 뿐이다.

내가 처음으로 아카데미 제자들 앞에 서게 되었을 때, 내게 과연 자격이 있을지 더럭 겁이 났다. 그때 들려온 노래가 CCM '소원'이었다.

저 높이 솟은 산이 되기보다
여기 오름직한 동산이 되길
내 가는 길만 비추기보다는
누군가의 길을 비춰준다면
내가 노래하듯이
또 내가 얘기하듯이 살길
난 그렇게 죽기 원하네

　이 가사처럼 누군가도 나를 오름직한 동산으로 여겨주었으면
좋겠다. 나의 인생 로드맵을 보면서 '정샘물이 하는 정도는 나
도 따라 할 수 있겠다' 하고 생각해주길 바란다. 그리하여 나의
작은 배가 마침내 바다로 향할 때 그곳에서 당신들의 작은 배를
만날 수 있었으면 좋겠다.

LIFE

MAKE-UP

BOOK

내 인생을 바꾼 스크랩북

나는 어릴 때부터 스크랩북을 정리했다.

내 스크랩북을 보면 알 수 있듯 엄격히 정해진 규칙이나 양식은 없다.

내가 꿈꾸는 이미지가 담긴 사진을 스크랩하거나 소원을 적어둔다.

이런 행동은 어렴풋한 꿈이나 소원을 구체화한다.

한 권 한 권 늘어나는 스크랩북을 보면

나 자신에게 얼마만큼 에너지를 투자했는지 깨닫게 된다.

▶나를 매료시키는 이미지를 발견할 때마다 수시로 스크랩을 해둔다.
메이크업이나 제품의 콘셉트를 결정할 때 큰 도움이 된다.

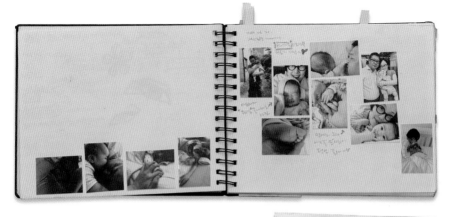

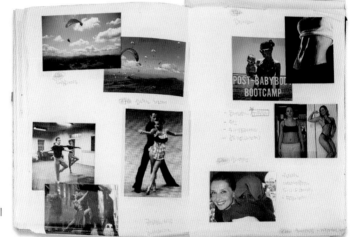

▶스크랩을 보면
내가 무얼 동경하고
어떤 미래를 꿈꾸는지
새삼 알게 된다.

243

244

내 인생을 바꾼 인생 로드맵

나는 스무 살 후반부터 '인생 로드맵'이라는 걸 만들기 시작했다.
메이크업 아티스트로 이름을 알리기 시작하면서
눈코 뜰 새 없이 바쁘게 일하던 시기였다. 일이 홍수처럼 밀려들어
반갑고 기쁘면서도 한편으로는 그 거센 물결에 떠밀려
전혀 엉뚱한 곳에 가게 되는 건 아닐까 두려운 마음도 들었다.
그래서 만들기 시작한 것이 '인생 로드맵'이다.

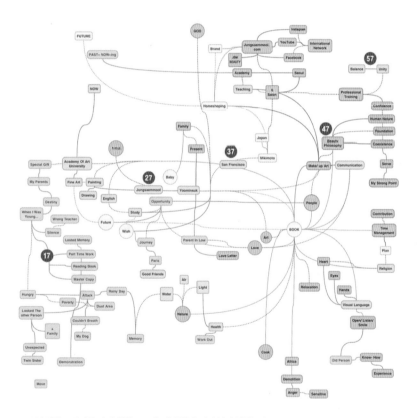

▶10년 단위로 정리한 나의 인생 로드맵. 내 인생에 어떤 일이 있었는지.
그 일이 어떤 영향을 주었는지 시간순으로 한눈에 파악할 수 있다.

◀콜라주 형식으로 만든 또 다른 인생 로드맵. 이런 작업을 통해 내가 꿈꾸는 미래에 한 걸음 가까이 다가갈 수 있다.

메이크업 아티스트로서의 기본 매너

메이크업 아티스트로서 내가 일하면서 쓰는 파우치나
착용하는 의상, 액세서리에 대해 궁금해하는 사람들이 많다.
그래서 내 옷장과 파우치, 그 외의 물품들을 공개한다.
이렇게 보여주려고 하니 부끄럽기도 하다.

▶많은 사람들이 '정샘물' 하면 '안경'과 '레드 립스틱'을 떠올린다. 평소 안경으로 포인트를 준다.

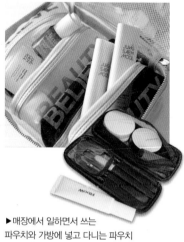

▶매장에서 일하면서 쓰는 파우치와 가방에 넣고 다니는 파우치

▶고객을 맞기 전 늘 옷매무새를 점검한다. 매장에 색조 제품이 많아서 의상은 주로 블랙 앤 화이트 톤으로 입고, 머리는 단정하게 묶는다.

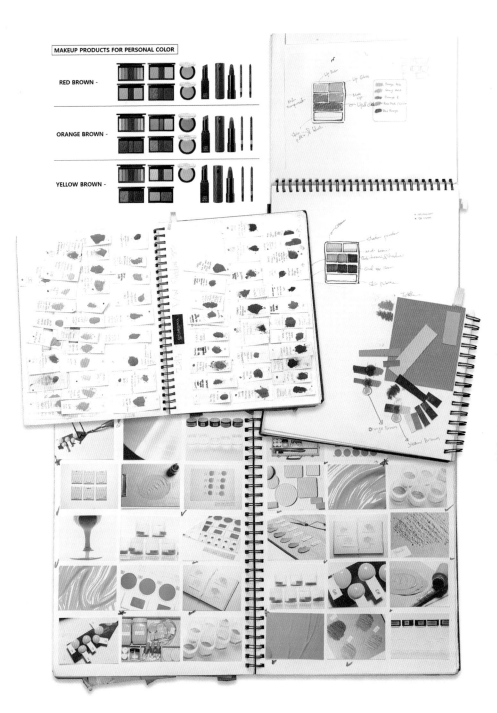

MAKEUP PRODUCTS FOR PERSONAL COLOR

RED BROWN -

ORANGE BROWN -

YELLOW BROWN -

메이크업 아티스트가 되고 싶다면

메이크업 아티스트가 되려면 어떻게 해야 하느냐는 질문을 많이 받는다.
대개 1년 정도 공부하고, 3년간 스태프 경험을 거친 뒤에야 디자이너가 되는데,
그러고도 경력을 3~4년은 더 쌓아야 비로소 능숙하게 고객을 맞을 수 있다.
이처럼 긴 시간 동안 큰 노력을 기울여야 하는 직업이므로
메이크업 테크닉을 습득하는 데 연연하기보다는 장기적인 안목으로
예술적 소양과 기본 마음가짐을 갈고 닦는 데 주력하라고 당부하고 싶다.

1. 미술 공부를 하라

메이크업을 잘하려면 사물의 형태와 색감, 질감 등에 대한 이해도가 높아야 한다. 그러려면 미술 진공까지는 아니더라도 평소 미술 공부를 꾸준히 하는 것이 좋다. 특히 마스터 카피를 해보라고 권하고 싶다 마스터 카피는 내가들의 작품을 그대로 따라 그려보면서 그들의 기법을 연구하고 관찰하는 것을 가리킨다. '카피'는 창의력과 반대되는 개념이라고 생각하기 쉽지만, 사실은 그렇지 않다. '모방은 창조의 어머니'라는 말처럼 대가의 작품을 따라 그리면서 자신만의 스타일을 만들어낼 수 있을 것이다.

2. 다른 예술 장르에도 관심을 기울이자

미술뿐 아니라 음악, 영화, 건축, 대중문화 등 다양한 분야에 관심을 두고 있어야 트렌드를 읽는 눈이 생기고 대중의 기호를 파악할 수 있다. 요즘은 장르 구분 없이 패션 디자이너가 음악에서, 건축가가 미술에서 영감을 얻는 시대다. 메이크업 아트 역시 다양한 문화 및 예술 장르에서 영감과 영향을 받아 변화하고 발전하므로 이들 트렌드에 늘 민감해야 한다.

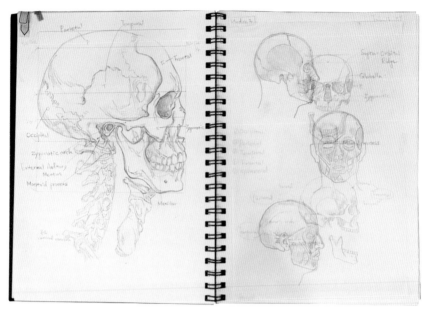

▲얼굴 골격과 근육의 해부학적 원리를 메이크업과 관련해 이해한 덕분에 해부학 수업에서 최고점을 받았다.

▲어릴 때부터 인물화에 매료된 나는 유학 중에 줄곧 인물화만 그렸다. 사람을 향한 관심이 누구보다도 컸다.

3. 사람을 관찰하자

메이크업 아트의 대상이자 재료는 사람이다. 사람과 소통하고 사람을 이해해야만 메이크업 작업이 가능하다. 메이크업 아티스트는 메이크업에 직접적인 영향을 주는 눈동자 색과 입술 색, 피부 상태는 물론이고 그 사람의 기분, 취향, 기호까지 파악할 수 있어야 한다. 또 고객이 원하는 바를 알아내기 위해 대화를 자연스럽게 유도할 줄도 알아야 한다. 그러기 위해서는 반드시 사람을 관찰하는 훈련이 필요하다. 메이크업 아티스트가 오랜 숙련 기간을 거쳐야 이유가 바로 여기에 있다.

4. 외국어를 공부하자

외국어에 능숙하면 전 세계의 뷰티, 패션, 대중문화에 관한 정보에 쉽게 접근하고, 최신 트렌드를 빠르게 파악하는 데 큰 도움이 된다. 특히 요즘처럼 K뷰티 열풍이 거셀 때에는 외국어에 능숙할수록 자기 능력을 입증할 기회를 더 많이 얻을 수 있다.

5. 꾸준히 운동하자

메이크업 아트는 정신적·육체적 피로도가 상당히 높은 일이다. 종일 선 채로 특정 자세를 유지하면서 매우 꼼꼼하고 세심하게 작업해야 하고, 때에 따라서는 새벽에 일을 시작하거나 밤을 새워야 한다. 아무리 뛰어난 메이크업 아티스트라도 체력과 건강이 뒷받침되지 않으면 열정과 집중력을 유지하기 어렵다. 따라서 꾸준한 유산소 및 근력 운동을 통해 체력을 길러두어야 한다.

퍼스널 컬러, 나의 고유성을 찾는 열쇠

퍼스널 컬러가 왜 중요할까?

자신의 고유한 매력을 잘 아는 사람은 어떤 유행이 와도 자신에 맞게 소화할 수 있지만, 그렇지 않은 사람은 아무리 유행을 좇아도 남의 것을 빌려 입은 듯 어색해 보인다. 자신의 고유한 매력을 안다는 것은 내게 어울리는 것과 아닌 것을 잘 구별한다는 뜻인데, 그 기준 하나가 바로 퍼스널 컬러다. 퍼스널 컬러를 알면 가장 나다운 아름다움을 추구할 수 있다. 어떤 옷을 입을지, 어떤 색상의 립스틱을 바를지 결정하는 중요한 기준이 유행이 아니라 나 자신이 된다. 유행을 좇기보다 그것을 나 자신에게 가장 잘 어울리는

▲정샘물 아트앤아카데미 수강생들이 그린 블라인드 컨투어 드로잉. 이 과정은 집중력과 관찰력을 키우는 데도 효과적이지만, 나의 내면을 관찰하는 계기가 된다는 점에서 중요하다.

방식으로 응용하기 때문에 그 누구보다도 트렌디해 보인다.

이 이야기를 확장하면 결국 퍼스널 컬러를 안다는 것은 내가 어떤 면에서 특별한지, 나만의 고유한 매력은 무엇인지, 외부에 휘둘리지 않고 내면을 지키려면 어떻게 해야 하는지 스스로 잘 파악하고 있다는 뜻이기도 하다. 그런 면에서 퍼스널 컬러를 아는 것은 내면이 단단한 사람이 되는 첫걸음 이라 할 만하다.

퍼스널 컬러의 기준은 무엇일까?

"전문가가 저는 분명 '가을 웜톤'이라면서 제게 어울릴 만한 컬러를 추천 해줬거든요. 그런데 어떤 때는 그 컬러가 잘 어울리는 것 같다가도 또 어떤 때는 정말 안 어울리는 거예요. 전문가가 퍼스널 컬러를 잘못 진단한 걸까 요?"

피부색을 기준으로 퍼스널 컬러를 진단하면 종종 이런 문제가 생긴다. 피 부색은 주변 환경과 몸 상태에 영향을 크게 받기 때문이다. 퍼스널 컬러를 올바로 파악하려면 외부 요인에 영향을 받지 않는, 나만의 고유한 색상을 기준으로 삼아야 한다. 눈동자 색이 바로 그것이다. 물론 눈동자 색도 일조 량의 변화에 따라 차이가 생길 수 있지만, 동양인의 경우에는 그 차이가 매 우 미미하다.

동양인의 눈동자는 대개 브라운인데, 색상 조합에 따라 다음과 같이 크게 세 가지로 구분한다.

녹색과 빨강이 섞인 레드브라운(다크브라운)
파랑과 주황이 섞인 오렌지브라운
보라와 노랑이 섞인 옐로브라운

내 눈동자 색을 파악하는 방법

눈동자 색은 조명에 따라 달라 보일 수 있으므로 주의해야 한다. 눈동자 색을 정확하게 파악하려면 자연광을 이용하는 것이 가장 좋다. 겨울 기준 오전 8시~9시 반(여름에는 한 시간 정도 이른 시간)에 창가로 가서 햇빛을 마주 보는 위치에서 휴대전화 카메라로 눈동자 사진을 찍는다. 물론 필터 없이 기본 카메라 기능으로 찍어야 한다. 이렇게 찍은 사진을 확대해 내 눈동자 색이 레드브라운, 오렌지브라운, 옐로브라운 중 어디에 속하는지 파악한다. 이해를 돕기 위해 예를 들면 옐로브라운은 배우 이성경, 서강준의 눈동자 색을, 오렌지브라운은 배우 구혜선의 눈동자 색을 떠올리면 된다. 레드브라운은 동양인에게 가장 흔한 눈동자 색으로, 배우 배수지, 공유 등 도 여기에 해당한다.

레드브라운

오렌지브라운

옐로브라운

퍼스널 컬러의 기준은 눈동자다.
눈동자 색은 크게 옐로브라운,
오렌지브라운, 레드브라운으로 나뉜다.

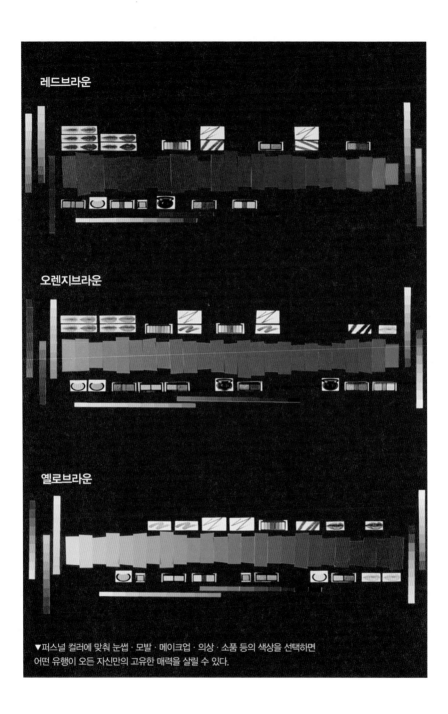

레드브라운

오렌지브라운

옐로브라운

▼퍼스널 컬러에 맞춰 눈썹·모발·메이크업·의상·소품 등의 색상을 선택하면 어떤 유행이 오든 자신만의 고유한 매력을 살릴 수 있다.

나만의 퍼스널 컬러는 어떻게 찾을까?

눈동자와 가까운 눈썹 및 모발 색을 눈동자 색에 맞추면 세련된 인상을 줄 수 있다. 이외 포인트 메이크업, 의상, 소품 등의 색상은 눈동자를 이루는 기본 색상으로 구성하면 된다. 즉 레드브라운은 레드와 그린 계열, 오렌지브라운은 블루와 코럴 계열, 옐로브라운은 퍼플과 옐로 계열이 어울린다. 자세한 사항은 다음과 같다.

녹색 + 빨강 = 레드브라운 눈동자라면

아이 메이크업: 핑크나 브라운 계열

립 메이크업: 레드나 톤 다운된 핑크 계열

헤어: 블랙이나 짙은 브라운 색상

의상 및 소품: 레드, 블랙, 그린 계열

파랑 + 주황 = 오렌지브라운 눈동자라면

아이 메이크업: 오렌지브라운, 오렌지레드, 핑크코랄, 피치 계열

립 메이크업: 오렌지나 코랄 계열

헤어: 옅은 브라운 색상

의상 및 소품: 피치, 오렌지, 코랄, 블루, 브라운 계열

보라 + 노랑 = 옐로브라운 눈동자라면

아이 메이크업: 옐로브라운이나 퍼플 계열

립 메이크업: 푸른 기가 있는 핑크나 퍼플 계열

헤어: 밝은 색상

의상 및 소품: 옐로, 핑크, 퍼플, 무채색 계열

KEY7(키세븐), 정샘물 메이크업의 기본 공식

유학에서 돌아온 나는 순수미술 이론에 나만의 메이크업 노하우를 접목해 메이크업 기본 공식인 KEY7을 만들었다. 어떤 트렌드가 유행하든 상관없이, 누구라도 손쉽게 메이크업에 응용할 수 있게 만든 공식이다.

KEY 1. THIN & THICK
작고 입체적인 얼굴을 만드는 비밀

평면 페인팅에서는 튀어나온 부분을 표현하기 위해 밝고 불투명한 물감을 차곡차곡 여러 번 덧바른다. 그러면 결과적으로 그림에서 가장 밝고 물감이 두껍게 발린 부분은 앞으로 튀어나와 보이고, 어둡고 물감이 얇게 발린 부분은 움푹 들어간 것처럼 보여 그림에 입체감이 생긴다.

마찬가지로 메이크업을 할 때도 피부 두께에 따라 제품의 양을 달리하면 입체감을 줄 수 있다. 우리가 스타존이라고 부르는 눈, 입, 이마, 코, 볼 바깥쪽은 피부가 얇고, 광대부터 턱을 잇는 브이라인은 피부가 두껍다. 피부가 두꺼운 브이라인에는 메이크업 제품을 여러 겹 덧바르고, 피부가 얇은 스타존에는 제품을 얇게 발라 얼굴을 입체적으로 표현하는 것이 바로 THIN & THICK 법칙이다.

KEY 2. WARM & COOL
동안의 비밀

색상표에서 서로 마주 보는 한 쌍의 색상을 '보색'이라고 한다. 보색 관계인 두 색상은 대비가 강렬하고, 각각 웜톤과 쿨톤을 띤다. 두 색을 혼합하면 무채색이 된다. 이러한 보색의 특성을 메이크업에 활용하면 깨끗하고 맑은 피부를 표현할 수 있다. 얼굴 피부는 부위에 따라 색상 톤이 조금씩 다르다.

이마 부분은 노란빛, 볼·귀·코 부분은 붉은빛, 눈 밑·코 밑·입 부분은 푸른 빛을 띤다. 깔끔한 인상을 주기 위해서는 이렇게 얼룩덜룩한 피부 톤을 잡아야 한다. 이들 부위에 상반되는 색상, 즉 보색을 띠는 제품을 발라주면 효과적이다. 눈 밑이나 코 밑, 입술 외곽의 푸르고 칙칙한 피부에는 핑크색 파운데이션을 발라주면 생기 있고 어려 보이는 효과가 있다. 볼이나 코 부분에 홍조가 심하면 차가운 기운이 도는 오크 색상의 파운데이션을 발라 커버하고, 베이지나 브라운 색상의 블러셔를 얇게 바르면 좋다.

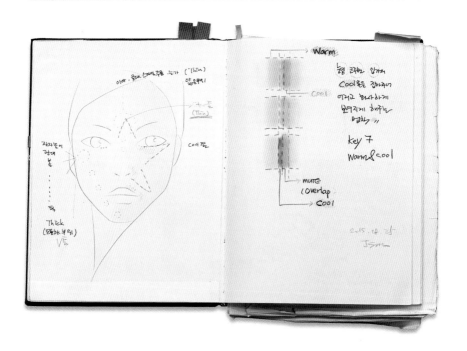

KEY 3. WET & DRY

오래가는 메이크업의 비밀

순수미술 페인팅 기술 중에 'WET & DRY'라는 것이 있다. 물감이 마른 상태에서 물감에 촉촉한 미디움(광택을 더하는 매개체)을 섞어 덧발라준 다음 그림이 다 마르면 이 과정을 다시 반복한다. 이렇게 하면 그림이 선명하면서도 그윽하게 보이고, 캔버스에 물감이 잘 고정되어 오래간다.

이 방법을 메이크업에 적용하면 땀이나 물에 쉬 지워지지 않는 롱라스팅 메이크업이 가능하다. 촉촉한 텍스처와 건조한 텍스처가 만나면 밀착력과 지속력이 생기는 특성을 이용하는 것이다. 파운데이션을 발라 촉촉해진 피부에 펄 파우더를 입혀 건조하게 하는 과정을 거치면 촉촉하고 매끈해 보이는 동시에 메이크업이 피부에 완벽하게 고정되어 지속력이 길어진다.

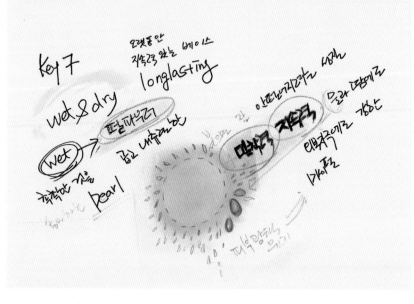

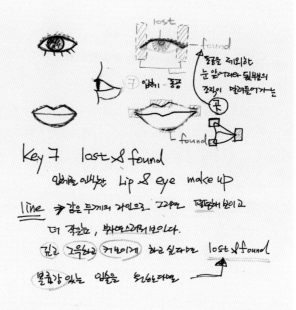

KEY 4. LOST & FOUND
입체적인 라인을 표현하는 비밀

선을 강약 조절 없이 일정한 굵기로 그리면 평면적이고 밋밋하게 보인다. 우리가 현실 세계에서 보는 선은 빛의 각도에 따라 때로는 진하고 굵게, 때로는 옅고 얇게 보이기 때문이다. 따라서 튀어나온 부분과 들어간 부분, 밝은 부분과 어두운 부분에 따라 선의 굵기와 진하기를 다르게 그려야 입체적으로 보인다. 이것이 바로 LOST & FOUND 법칙이다.

우리 얼굴에 그리는 선도 마찬가지다. 아이라인을 강약 조절 없이 일정한 굵기로 그리면 오히려 눈이 작고 답답해 보이기 쉽다. 크고 입체감 있는 눈을 표현하려면 눈 중앙의 라인은 최대한 얇게 그리고, 눈 양 끝의 라인은 굵게 그려야 한다.

KEY 5. FOCAL POINT

시선이 집중되는 황금분할점을 공략하라

시각예술의 기본 원칙 중에 '삼등 분할의 법칙'이라는 것이 있다. 앵글을 가로-세로로 각각 3등분했을 때 교차하는 지점에 강조하고자 하는 것을 놓아야 보기에도 안정적이고 시선을 끌기에도 효과적이다.

얼굴에도 이러한 황금분할점이 존재한다. 얼굴을 가로로 5등분, 세로로 3등분해보자. 이렇게 생긴 교차점에 이목구비의 모서리가 완벽하게 자리하면 균형감이 돋보이는 이상적인 얼굴이다. 그러나 이러한 황금분할에 부합하는 얼굴은 흔치 않다. 대개는 이상적인 비율보다 미간이 넓거나 코가 길거나 하게 마련인데, 이런 경우라도 메이크업을 통해 최대한 황금분할에 가깝게 보이도록 보완할 수 있다.

가령 코가 길다면 하이라이트를 코의 3분의 2 지점까지만 발라줌으로써 코의 길이를 짧아 보이게 할 수 있다. 미간이 넓은 경우에는 눈 앞머리 부분에 음영을 주고, 반대로 미간이 좁으면 눈꼬리를 길게 빼주어 시선을 최대한 바깥으로 분산시킨다. 이마가 세로로 길면 헤어라인을 약간 밑으로 내려 수정하고 눈썹을 도톰하게 그린다. 이마가 가로로 긴 경우에는 옆쪽 헤어라인을 좁혀 그려 보완한다.

KEY 6. SIMPLE & COMPLEX

메이크업 포인트 외에는 심플하게 처리하라

배경이 복잡하면 사물은 심플하게, 반대로 사물이 복잡하면 배경을 심플하게 그려야 한다. 그렇지 않고 둘 다 심플하거나 둘 다 복잡하면 균형이 깨지면서 시선이 분산되고 만다.

메이크업을 할 때도 마찬가지다. 특별히 힘을 주고자 하는 요소가 있으면 나머지 요소에서는 힘을 빼야 한다. 예를 들어 아이 메이크업을 화려하게 했다면 립 메이크업은 튀지 않는, 자연스러운 색상으로 하는 것이 좋다. 반대로 입술을 강조하는 메이크업이라면 블러셔와 아이 메이크업은 자연스럽게 표현한다.

KEY 7. OLD & NEW

고전과 현대의 믹스 앤 매치로 트렌드 리더가 되어라

트렌드는 돌고 돈다. 어머니 세대가 젊었을 적 입었을 법한 옷들이 '뉴트로'(New+Retro)라는 이름으로 다시 유행하고, 고전 작품이 현대 감각으로 재해석되어 부활하는 시대다. 따라서 옛것과 새것을 아울러 조화롭게 소화할 수 있어야 진정한 트렌드 리더라 할 수 있다. 그런 의미에서 OLD & NEW 법칙은 각 시대의 트렌드를 정확히 숙지하고, 다양한 아름다움을 발견하는 안목을 키워야 한다는 사실을 강조한 것이다.

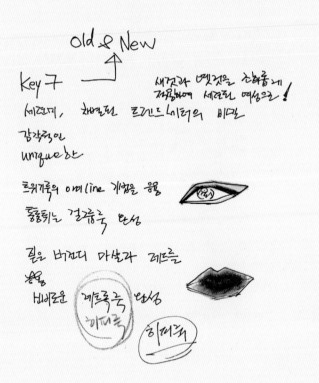

마음 근력을 키워주는 하루 한 줄의 묵상

나는 마음을 메이크업한다는 기분으로 매일 아침 묵상을 한다.
'홀리 바이블'이라는 성경 말씀 어플을 켜고 한 줄씩 가만가만 마음에
새기다 보면 내게 주어진 평범한 오늘 하루가 그저 감사하기만 하다.
또 건강하게 제자리를 지켜주는 내 소중한 사람들에게도 감사한 마음이 든다.
한편 밤에 하는 묵상은 나를 돌아보는 거울과 같다.
오늘이라는 소중한 시간을 게을리 보내진 않았나,
하지 말아야 할 말을 하진 않았나, 사랑한다는 표현을 아끼진 않았나.
이렇게 하루 동안 뭉쳤던 감정을 풀고 마음을 비우면
몸의 피로까지 싹 가시는 기분이다.
내가 묵상 시간에 읽으며 마음에 새긴 글귀 몇 가지를 소개한다.
종교가 없는 사람이라도 충분히 공감할 만한 내용이다.

아침에 읽으면 좋은 글귀

"내가 사람의 모든 말과 천사의 말을 할 수 있을지라도,
내게 사랑이 없으면, 울리는 징이나 요란한 꽹과리가 될 뿐입니다."
(고린도전서 13:1)

"사랑하는 형제 여러분, 이것을 명심하십시오.
누구든지 듣기는 속히 하고, 말은 천천히 하며 함부로 성내지 마십시오."
(야고보서 1:19)

"여러분이 열심으로 선한 일을 한다면 누가 해치겠습니까?"
(베드로전서 3:13)

"여러분은 말씀을 듣기만 하여 자신을 속이지 말고
말씀을 실천하는 사람이 되십시오,
말씀을 듣고도 실천하지 않는 사람은 거울에 자기 얼굴을
들여다보는 사람과 같습니다. 그는 자기 모양을 보고도
거울 앞에서 떠나면 곧 제 모습을 잊어버립니다."

(야고보서 1:22~24)

"작은 일에 성실한 사람은 큰일에도 성실하고
작은 일에 정직하지 못한 사람은 큰일에도 정직하지 못하다."

(누가복음 16:10)

밤에 읽으면 좋은 글귀

"여러분은 사람이 흔히 겪는 시련 외에
다른 시련을 당한 적이 없습니다. 하나님은 신실하십니다.
여러분이 감당할 수 있는 능력 이상으로
시련을 겪는 것을 하나님은 허락하지 않으십니다.
하나님께서는 시련과 함께 그것을 벗어날 길도 마련해주셔서,
여러분이 그 시련을 견디어낼 수 있게 해주십니다."

(고린도전서 10:13)

"화를 내더라도 죄를 짓는 데까지 이르지 않도록 하십시오.
해가 지도록 노여움을 품고 있지 마십시오.
악마에게 틈을 주지 마십시오."

(에베소서 4:26~27)

"지혜가 으뜸이니 지혜를 얻어라.
네가 가진 모든 것을 다 바쳐서라도 명철을 얻어라."
(잠언 4:7)

"아무도 악으로 악을 갚지 말고,
도리어 서로에게 모든 사람에게
항상 좋은 일을 하려고 애쓰십시오."
(데살로니가전서 5:15)

"그러므로 믿음, 소망, 사랑,
이 세 가지는 항상 있을 것인데
그 가운데서 으뜸은 사랑입니다."
(고린도전서 13:13)

Beauty
Starts
From You.
Just
Believe!

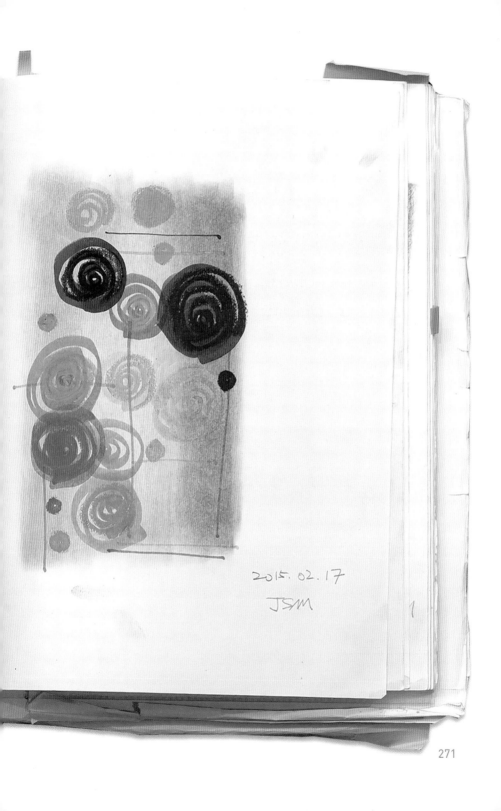

2015. 02. 17
JSM